积极心理健康教育理论与实践研究

隋华杰　吴亚芬　陈焕文　著

天津出版传媒集团
天津科学技术出版社

图书在版编目（CIP）数据

积极心理健康教育理论与实践研究 / 隋华杰, 吴亚芬, 陈焕文著. -- 天津 : 天津科学技术出版社, 2023.5
ISBN 978-7-5742-1121-6

Ⅰ. ①积… Ⅱ. ①隋… ②吴… ③陈… Ⅲ. ①心理健康－健康教育－研究 Ⅳ. ①G444

中国国家版本馆CIP数据核字(2023)第075275号

积极心理健康教育理论与实践研究
JIJI XINLI JIANKANG JIAOYU LILUN YU SHIJIAN YANJIU

责任编辑：宋佳霖
责任印制：兰　毅
出　　版：天津出版传媒集团
　　　　　天津科学技术出版社
地　　址：天津市西康路35号
邮　　编：300051
电　　话：（022）23332490
网　　址：www.tjkjcbs.com.cn
发　　行：新华书店经销
印　　刷：定州启航印刷有限公司

开本 710×1000　1/16　印张　14.75　字数　232 000
2023年5月第1版第1次印刷
定价：88.00元

前　言

人类社会发展至今，不但经历着物质文明的进步，更有精神文明的飞跃。心理健康教育是精神文明建设的基础，加强人文关怀和心理疏导，能够有效提高人们的自信心，使人们保持积极向上的心态，从而有利于促进社会的和谐发展。

积极心理健康教育是在继承和整合积极心理健康、积极心理治疗、积极心理学、积极教育诸方面思想和实践的基础上而形成的以积极和发展为取向，有目的、有计划地促进国民心理健康的理论和实践体系。积极心理健康教育就是根据教育对象的生理、心理发展特点，以人的向善性为价值取向，运用积极的方法和手段，从正面发展和培养个体的积极心理品质，防治各种心理问题，促进个体身心和谐发展的教育活动。

积极心理健康教育应当关注人的心理潜能的发掘和积极人格品质、积极情绪的构建，强化学生的积极体验，提升学生的快乐竞争力。本书从积极心理健康教育的时代背景出发，从积极人格、积极情绪、积极体验等方面详细论述了相应的内涵与对策。另外，由于中小学生与大学生在年龄特征、成长特点等方面有着很大的不同，因此本书又分述了中小学生积极心理健康教育和大学生积极心理健康教育的内容。本书语言简练明了、通俗易懂，对从事心理健康教育工作的人员具有一定的学习和借鉴价值。

目 录

第一章 积极心理健康教育概述 1

第一节 积极心理健康教育的思想源泉 3

第二节 时代呼唤积极心理健康教育 6

第三节 积极心理健康教育的基本纲领 13

第二章 积极人格与自我 17

第一节 积极人格概述 19

第二节 积极人格之自律与希望 25

第三节 认识自我与悦纳自我 36

第三章 积极情绪与积极关系 49

第一节 积极情绪的内涵与价值 51

第二节 积极情绪的建构理论及其功能 60

第三节 情绪的管理 62

第四节 人际关系与和谐人际关系 67

第四章 积极体验与积极的爱 77

第一节 积极体验的内涵、意义 79

第二节 增进积极体验的策略 83

第三节 积极的爱——以大学生恋爱为例 103

第五章　压力管理与挫折应对　113

第一节　压力与挫折概述　115

第二节　大学生压力、挫折的特点及其对学生心理的影响　119

第三节　压力管理与挫折应对的策略　122

第六章　中小学积极心理健康教育　129

第一节　小学体验式心理健康教育研究　131

第二节　家校合作在小学心理健康教育中的应用　152

第三节　中小学积极心理健康教育评价指标体系的构建　159

第七章　大学生积极心理健康教育　173

第一节　大学生积极心理品质培养研究　175

第二节　大学生职业生涯规划与就业心理　194

第三节　大学生积极社会心态的培育　210

第四节　积极心理团体辅导在大学生心理健康教育中的应用　221

参考文献　227

第一章　积极心理健康教育概述

第一节　积极心理健康教育的思想源泉

一、积极心理健康教育起源于两千多年前中国传统的“正心”文化

积极心理健康教育思想的渊源，可以追溯到2 500多年前以“正心”为代表的中国传统文化。

“正心”有两层含义：一是正确的、正面的、不歪、不偏斜的心理、心态；二是扶正、端正、矫正歪的、偏斜的心理、心态。用心理学术语理解“正心”，就是使自己的知、情、意与外界融合，与自己面前的事物融合，也就是说，要保证心理处于正确的状态和朝着正确的方向发展。“positive psychology”翻译成汉语是积极心理、正面心理、正向心理。

“positive”的意思是积极的、正面的，其进一步的意思如下：

第一，不是负向的也不是中立的。

第二，主意坚定；坚定地陈述，不受局限。

第三，表现出建设性或更好的影响。

第四，自身生成的而不依赖环境变化的。

第五，好的、期待的、健康的、愉快的、喜欢的。

可见，汉语的“正心”包含英语的“positive psychology”的基本思想，而且比后者的意思更丰富。“正心”不仅包含积极的、正面的心理，还有端正、矫正心理之意。这种积极心理思想扩展到中国传统医学之中，就是“固本培元”，这是我国古老的哲学思想。“元”“本”都是指根本，即基础。可见，中国传统文化蕴含着丰富的积极心理学思想，为积极心理健康教育理论奠定了扎实的基础。文化世界不仅仅是人类创造的，同时在不断地创造着人类，创造着不同国家、民族、社区人们的性格、心理、行为方式、思维方式

及价值观念。以“正心”为代表的中华优秀传统文化孕育出了积极心理健康教育，具体体现在如下两个方面。

（一）“自强不息，厚德载物”的民族精神

积极进取、海纳百川是积极心理健康教育推崇的态度和胸怀，这种态度和胸怀正对应中华民族“自强不息，厚德载物”的精神。《周易》中说：“天行健，君子以自强不息；地势坤，君子以厚德载物。”用现代汉语来解释，即天（即自然）的运动刚强劲健，君子处世应像天一样，刚毅坚韧、发奋图强、力求进步、永不停息；大地的气势厚实和顺，君子应增厚美德，容载万物。这种“自强不息，厚德载物”的“浩然正气”，形成了中华民族几千年来文明进步的精神脊梁，为积极心理健康教育赋予了历史的灵魂。

（二）“性善”主导的人性论思想

积极心理健康教育主张以人固有的、实际的、潜在的和具有建设性的力量、美德、善端为出发点，促进个体与人类幸福。这就需要以性善论为前提。性善论在中国文化传统中始终占主导地位。孟子的性善论认为人生而就有恻隐之心、羞恶之心、辞让之心、是非之心，揭示了人的向善性，强调人性的光明面、人的优点与价值，为积极心理健康教育提供了学理的逻辑起点。

二、积极心理健康教育受到了世界积极心理学的启迪

积极心理学最早由美国人本主义心理学大师马斯洛在1954年出版的《动机与人格》一书中提出。积极心理学是一门旨在促进个人、群体和整个社会发展完善和自我实现的科学，强调心理学不仅要帮助那些处于某种“逆境”条件下的人们知道如何求得生存并得到良好的发展，更要帮助那些处于正常环境中的普通人学会怎样创造高质量的社会生活和个人生活。20世纪末，美国宾夕法尼亚大学心理学系教授塞利格曼承前启后，发起了积极心理学运动，积极心理学运动催生了我国的积极心理健康教育。下面介绍塞利格曼为什么要发起积极心理学运动。

塞利格曼虽然写了大量有关儿童的著作，但在实际生活中和孩子并不算太亲密。塞利格曼在担任美国心理学会主席数月后的一天，与5岁的女儿尼奇在园子里播种，他平时很忙，有许多工作要完成，所以想快一点弄完了事。尼奇却手舞足蹈，将种子抛向天空。塞利格曼让她别乱来，她却跑过来说："爸爸，我能与你谈谈吗？""当然"，他回答。"爸爸，你还记得我5岁的生日吗？我从3岁到5岁一直都在抱怨，每天都要说这个不好那个不好，当我长到5岁时，我决定不再抱怨了，这是我从来没做过的决定。如果我不抱怨了，你可以不再那么郁闷吗？"

塞利格曼产生了一种闪电般的震动，仿佛受到了神灵的启示。他太了解尼奇，太了解自己和自己的职业。女儿的话让他认识到，尼奇已经自我矫正了抱怨的心态。培养尼奇意味着应该看到她心灵深处的潜能，发扬她的优秀品质，培养她的力量。培养孩子不是盯着他身上的短处，而是认识并塑造他们身上的美好品质，并将这些优秀品质变成促进他们幸福生活的动力。这一天改变了塞利格曼的生活。他惊觉自己过去的50年都生活在阴暗的气氛中，有许多消极的情绪，但是从这一天开始，他决定让心灵充满阳光，让积极的情绪占据主导地位。过去，他一直被内心的某种声音引导着往前走，渐渐地却忘记了自己真正的目标，也忘记了身边的人和前行路上的美景。于是塞利格曼发起了世界积极心理学运动。

作为心理学的一个分支，积极心理学倡导个体对主观经验、个人特质及生活中的事件采取科学的解决方式和有效的干预手段，以培养积极正面的心态。其目标是使个体远离容易引起绝望想法的病理思维，保持乐观，感受到人生的价值。20世纪中叶，人本主义运动兴起引起人们对幸福、安康和正能量的追求，这为后来积极心理学的产生奠定了基础。

积极心理学运动如一声春雷，唤醒了长期孕育中的我国积极心理健康教育，2007年5月我国积极心理健康教育终于呱呱坠地。

积极心理健康教育一诞生，就广泛吸收西方积极心理健康、积极心理治疗、积极教育等理论和实践的有益成分，促进自身茁壮成长。

"积极教育"是20世纪末美国发起的一场扩展到整个西方的教育运动。积极教育通过以学生外显和潜在的积极力量为出发点，以增强学生的积极体验为主要途径，培养学生个体层面和集体层面的积极人格。积极教育重视技能、态度、行为、交流风格等的教育，强化个体自信、自尊、忍耐、尊重他人、爱护环境等积极品质，以此激励、促进个体和人类的发展。

第二节　时代呼唤积极心理健康教育

经过传统文化漫长的孕育和世纪之交世界积极心理学运动的催生，积极心理健康教育像一轮红日，在时代召唤下喷薄而出，光芒四射。

积极心理健康教育不是对传统心理健康教育的简单否定，而是对传统心理健康教育模式的矫正、补充和发展。心理健康教育发展的基本趋势是，从消极被动、补救矫正向积极主动、预防发展的方向转型，从面向个别学生和学生的问题向面向全体学生和开发心理潜能、提高综合心理素质方向转型，从专职教师的专门服务向全员参与、学科渗透、全方位服务方向转型。积极心理健康教育在继承和借鉴传统心理健康教育模式的经验与发展趋势的基础上构建起自己的“六位一体”思想体系，这个体系包括明确的方向与目标、任务与功能、对象与内容、原则与特点、途径与方法、成效与评价。下面就方向与目标、任务与功能做简要介绍。

一、积极心理健康教育的方向与目标

积极心理健康教育往哪里走？预期结果是什么？这就涉及方向和目标。“条条大路通罗马”，究竟走哪条路更便捷？这就需要明确方向。能否最终到达“罗马”？这就是目标。构建积极心理健康教育体系要明确其大方向与总目标。下面笔者将对积极心理健康教育的大方向和终极目标进行探讨。

（一）积极心理健康教育的大方向：追求幸福

积极心理健康教育秉承积极心理学对人性持积极评价的原则，强调人和社会的积极方面，坚持“弘扬正气”。积极心理健康教育的方向不是与传统心理健康教育方向相反，而是对传统心理健康教育方向的矫正。幸福是人类的共同追求、最终追求。亚里士多德曾说：“幸福是终极和自足的，它是行为的目的。”费尔巴哈说得更明确：“一切的追求，至少一切健全的追求都是对于幸福的追求。”积极心理学正是关于幸福的学问。

既然幸福是积极心理健康教育的大方向，那就必须了解什么是幸福。中国传统文化中的主流幸福观既包含个人感性物欲的满足，也包含社会理性道德需要的满足。马克思主义幸福观在批判继承西方感性主义和理性主义合理成分的基础上，肯定了生命、健康、快乐、美德的重要性，并将感性快乐与理性节制有机结合起来，将个人幸福与他人幸福有机结合起来，独具辩证唯物主义特色。

在马克思主义幸福观指导下，积极心理健康教育提炼出幸福的核心是快乐，而道德修养保证这种快乐的正确方向并为其保驾护航。两者有机结合，表现为主观上的愉悦体验——“快乐”；客观上的有为成长——“有成”。而健康是“快乐、有成”的前提和载体。因此，人们将幸福的精髓概括为“健康、快乐、有成”，具体体现为主观与客观的统一、物质与精神的统一、生理与心理的统一、辛劳与享受的统一、个人与社会的统一、眼前与长远的统一、过程与结果的统一。

（二）积极心理健康教育的终极目标：为人的全面发展提供心理基础

传统的心理健康教育目标一般分为三级：一级目标是以预防教育为主，面向全体学生，注重潜能的开发和心理素质的培养；二级目标是以解决心理问题为主，针对普遍的心理问题进行辅导和咨询，消除学生的心理障碍；三级目标是以治疗心理疾病为主，针对有心理障碍和疾病的个体进行心理诊断和治疗。但是长期以来，心理健康教育实践通常偏重于三级和二级目标，而对一级目标缺乏足够的重视。值得注意的是，这三级目标远不是终极目标。

积极心理健康教育的大方向是幸福。幸福的精神实质就是人的自由、全面发展。因此，积极心理健康教育的终极目标自然就是为人的全面发展提供心理基础。这一点在《中小学心理健康教育指导纲要（2012 年修订）》（以下简称《指导纲要》）的总目标里已有提及：“提高全体学生的心理素质，培养他们积极乐观、健康向上的心理品质，充分开发他们的心理潜能，促进学生身心和谐可持续发展，为他们健康成长和幸福生活奠定基础。”这一目标的实质就是促进人的全面发展。

在总目标指导下，《指导纲要》将心理健康教育的具体目标进行了细分：使学生不断正确认识自我，增强调控自我、承受挫折、适应环境的能力；培养学生健全的人格和良好的个性心理品质；对少数有心理困扰或心理障碍的学生，给予科学有效的心理咨询和辅导，使他们尽快摆脱障碍，调节自我，提高心理健康水平。显然，这些具体目标都是通向终极目标的途径。

当前，贯彻落实全面发展的教育方针，应重点聚焦学生发展的核心素养，即学生应具备的、能够适应终身发展和社会发展需要的必备品格和关键能力。学生的核心素养可以分为三个方面：文化基础、自主发展、社会参与，如图 1-1 所示。

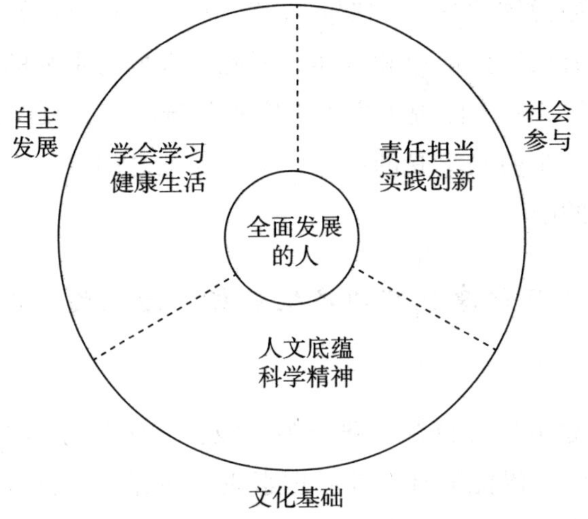

图 1-1　中国学生发展核心素养结构图

文化基础包括人文底蕴和科学精神。人文底蕴主要是学生在学习、理解、运用人文领域知识和技能等方面所形成的基本能力、情感态度和价值取向，具体包括人文积淀、人文情怀和审美情趣等基本要点。科学精神主要是学生在学习、理解、运用科学知识和技能等方面所形成的价值标准、思维方式和行为表现，具体包括理性思维、批判质疑、勇于探究等基本要点。

自主发展包括学会学习和健康生活。学会学习主要是学生在学习意识形成、学习方法选择、学习进程评估调控等方面的综合表现，具体包括乐学善学、勤于反思、信息意识等基本要点。健康生活主要是学生在认识自我、发展身心、规划人生等方面的综合表现，具体包括珍爱生命、健全人格、自我管理等基本要点。

社会参与包括责任担当和实践创新。责任担当主要是学生在处理与社会、国家、国际等关系方面所形成的情感态度、价值取向和行为方式，具体包括社会责任、国家认同、国际理解等基本要点。实践创新主要是学生在日常活动、问题解决、适应挑战等方面所形成的实践能力、创新意识和行为表现，具体包括劳动意识、问题解决、技术应用等基本要点。可以看出，中国学生发展核心素养的目标是实现个人的全面发展，而积极心理健康教育的终极目标正是为人的全面发展提供心理基础。

二、积极心理健康教育的任务与功能

（一）传统心理健康教育的任务

关于传统心理健康教育的任务，主要有以下几种说法。

1.二任务说

面向全体的任务：在全体受教育者当中，尤其是在青少年学生当中开展心理健康教育，使他们不断正确认识自我，增强调控自我、承受挫折、适应环境的能力，培养他们健全的人格和良好的个性心理品质。具体讲，就是通过专题讲座、团体咨询、个别咨询、学科教学、主题班会等形式，满足教育对象的心理需求，如安全感、得到他人的承认和接纳、受人尊重等，为他们的身心发展提供指导。

面向少数的任务：对少数有心理困扰或心理障碍的个体，给予科学有效的心理咨询和辅导，使他们尽快摆脱心理障碍，调节自我，提高心理健康水平，增强发展自我的能力。具体讲，就是及时发现教育对象的心理与行为问题，防患于未然。比如，对他们成长过程中带有普遍性的问题，要在其尚未出现或刚出现时给予指导、积极干预，让他们有所了解、有所准备；对那些已出现的一些消极心理或行为问题，要及时采取措施加以补救。

2.三任务说

面对全体学生，开展预防性和发展性的心理健康教育。

面向少数有心理困扰和心理障碍的学生，开展补救性和矫治性的心理咨询和辅导。

面对教师和家长开展心理健康教育工作，从而促进学生的心理健康发展。

3. 四任务说

通过多种途径，积极宣传心理健康知识，开展多种心理健康教育活动，提高学生心理健康水平。

及时提供学生心理健康信息，供学校相关决策、改革参考。

对有情绪问题的学生进行个别或团体咨询，提高其适应能力和心理素质，矫正心理偏差，培养健全人格。

及时发现和鉴别中重度心理障碍学生，及时转介到高一级咨询、治疗机构。

4. 六任务说

心理预防：预防学生在学习期间可能出现的各种心理行为问题。

心理咨询：对有心理问题的学生，通过心理商谈，使其对自己和环境有一个正确的认识，以改变其态度和行为，使其更好地适应社会生活。

诊断性评价：根据一定的理论和标准，使用心理学的方法和工具，对学生个体或群体的心理状态、异常行为或心理障碍，以及学生的成长环境进行描述分析、归类、鉴别、评估。

行为矫正：对个别学生在语言、认知、行为和人际关系等方面存在的问题进行心理干预，帮助道德越轨、学习困难、情绪挫折和社会性发展不适的学生获得正常发展。

学习指导：开展有助于提高学生学习兴趣和效率的活动，包括学习内容的安排、学习方法的辅导、学习成绩的评估及反馈等，尤其是帮助学生掌握学习策略和选择学习方法，使他们学会按照良好的学习目标和学习程序进行学习，以便获得系统的知识，形成一定的能力。

职业指导：对学生如何选择适当的职业加以指导。通过心理测量等手段，对学生个人的能力、性格、体力、家庭、经历等进行考察，通过调查和统计获得各种职业对能力和特长的要求，并向学生提供就业信息，指导学生选择合适的职业。

上述这些作为心理健康教育的基本任务、一般任务、具体任务都是毋庸置疑的，但要作为根本任务，高度还有待提升。

（二）传统心理健康教育的功能

传统心理健康教育的功能一般有三个，即发展性功能、预防性功能和补救性功能。

1.发展性功能

发展性功能是指心理健康教育要促进受教育者人格健全发展，形成良好的个性心理品质，提高他们的心理成熟度，增强他们主动适应学习和生活的能力，为实现可持续发展打下坚实的基础。这是心理健康教育的重要功能。

2.预防性功能

由于个体在成长过程中缺少生活经验和一些必要的心理准备，在学习和生活中经常会遇到各种问题，如果得不到适当的帮助，往往会产生各种心理问题与行为问题。因此，心理健康教育的另一个重要功能是防患于未然，使受教育者掌握应对心理危机的方法，帮助他们顺利地解决成长过程中遇到的困难，坚强地面对生活中的各种挫折和考验，以免因脆弱和无知，产生不必要的心理问题或导致悲剧的发生。

3.补救性功能

由于环境或自身的原因，个体在成长过程中，难免会产生心理问题与行为问题。这些心理问题与行为问题如果得不到及时矫治，就会严重影响他们的学习、生活和健康成长，而通过某种方式帮助他们进行调整和改变，可以解决问题或者避免更为严重的后果。因此，心理健康教育的另一个功能就是针对已经产生的现实问题，提供具体的心理咨询和辅导，帮助求助者排除心理困扰，自信地面对生活。

上述三个功能主要是心理健康教育对个体发展的功能，笔者姑且称之为内部功能。然而，它们并未涉及心理健康教育在整个教育体系中的地位与作用，即对自身的外部功能缺乏应有的认识，这使得传统心理健康教育还有更多需要完善的地方。

（三）积极心理健康教育的任务与功能

1.积极心理健康教育的根本任务是为立德树人铸魂

《指导纲要》中提出："心理健康教育的主要任务是，全面推进素质教育，增强学校德育工作的针对性、实效性和吸引力，开发学生的心理潜能，提高学生的心理健康水平，促进学生形成健康的心理素质，减少和避免各种不利因素对学生心理健康的影响，培养身心健康、具有社会责任感、创新精神和实践能力的德智体美劳全面发展的社会主义建设者和接班人。”这就指明了中小学心理健康教育的目标是培养德智体美劳全面发展的个体，其中“德”排在第一位。

在当今社会环境下，立德树人是教育的根本任务，培养德智体美劳全面发展的社会主义建设者和接班人。育人先育德，育德先育魂。

以上论述为积极心理健康教育确立其根本任务指明了方向。而人们常说教育是塑造雕刻灵魂的事业。灵魂是什么？灵魂是思想，是精神，是能对某人或某个群体起关键和主导作用的心理方面的核心因素，因此可以说积极心理健康教育的根本任务是为立德树人铸魂。

那么，如何为立德树人铸魂？在积极心理健康教育体系框架下，人们提出“具身德育”的新理念。“具身德育”是指基于具身认知的德育。具身认知强调生理体验与心理体验之间存在密切的联系，认为在人类认知的过程中，“身体”本身和“身体硬件”上装载的“心理程序软件”同样重要。而传统德育过多地将道德作为知识，传授甚至灌输给学生，这种基于“离身”认知观的传统德育脱离了身体力行，于是知、行成了两张皮。“具身德育”主张德之根在心，人之本在劳，两者结合起来即立德树人的根本。其精髓为“正心立德”“劳动树人”。强调正心和劳动是教育立德树人的“根”和“本”，将心理、体力、脑力，以及产生心理的客观现实、体力脑力劳动的情景有机结合起来，将道德融入身体、心灵深处，成为身、心的有机成分，不仅达到了知行统一，更符合脑力劳动与体力劳动和谐发展的马克思主义关于人的全面发展学说。

2.积极心理健康教育的功能是为教育发展和人类幸福提供杠杆

如上所述，传统心理健康教育的三个功能停留在针对个体内部发展层面，缺乏对教育发展和人类幸福的认识。

总体幸福取决于三个因素：一是个体先天的遗传素质；二是后天的环境；三是个体能主动控制的心理力量。积极心理健康教育把第三个因素作为撬动教育发展和人类幸福的支点。

幸福感具有整体性。高度关注生活中的某个方面，可能会有损于整体幸福感。我国的教育方针之所以主张培养全面发展的人，是为了保证人对幸福追求的整体性，所以教育体系中才包括了个体发展需要的各种教育，如德育、智育、体育、美育、劳动技术教育等。积极心理健康教育是教育体系中的一分子，其内部功能表现为对个体健康人格、全面发展乃至整体幸福感的促进作用，外部功能则表现为其在整个教育体系中的基础地位和支点作用，即对其他教育子系统的影响。无论从内部功能来看，还是从外部功能来看，积极心理健康教育都发挥着杠杆的作用。

第三节　积极心理健康教育的基本纲领

积极心理健康教育是一项系统工程，涉及学校和家庭教育的方方面面。只有准确把握其基本纲领，才能切实提高其科学性、针对性和实效性。

一、塑造积极心理，奠基幸福人生

塑造积极心理就是培养积极心理品质，塑造积极心态。积极心理健康教育主张一切从“积极”出发，用积极的视角发现和解读各种现象，用积极的内容和途径培养积极向上的心态，用积极的手段诱发积极的情感体验，用积极的反馈强化积极的效果，用积极的态度塑造积极的人生，即便遇到不幸，也要从不幸中力求万幸，从而为幸福人生奠定积极的心理基础，营造和谐向上的阳光心态。

奠基幸福人生就是为人们的幸福美好生活奠定基础。人们无法改变先天遗传因素，但是可以努力营造良好的后天环境，更为重要的是要主动控制自己能掌握的力量，做生活的主人。

幸福是指使人心情舒畅的生活和境遇，也就是生活、境遇称心如意。幸福感是社会成员根据自己设定的标准，对自身物质生活和精神生活的主观感受与评价，它既是对生活的客观条件和所处状态的一种事实判断，又是对生活的主观意义和满足程度的一种价值判断。真正的幸福是物质与精神、生理与心理、个人与集体、主观与客观、过程与结果、眼前与长远的有机统一。奠基幸福人生应从学会调整心态做起。

二、健康快乐成长，健全积极人格

健康快乐成长就是身心健康，心情快乐，身体和心灵、学业和事业有所进步。健康是指一个人在身体、精神和社会等方面都处于良好的状态。传统的健康观是“无病即健康”，现代人的健康观是“整体健康”，世界卫生组织提出，健康不仅是没有躯体疾病，还要心理健康、社会适应良好和有道德。

从广义上讲，心理健康是指一种高效而满意的心理状态。从狭义上讲，心理健康是指人的基本心理活动的过程内容完整、协调一致，即认识、情感、意志、行为、人格完整协调，能适应社会，与社会保持同步。综合来说，心理健康是指一种持续且积极发展的心理状态，在这种状态下，主体能更好地适应社会，并且充分发挥身心潜能。

健全积极人格就是形成和完善催人向上的人格特质。积极人格是积极心理学研究的重要概念和内容。

每一个人的内心深处都存在两股的力量：一股力量是消极的，它包括压抑、恐惧、生气、悲伤、悔恨、自卑、妄自尊大、自私和说谎等；另一股力量是积极的，它包括喜悦、快乐、希望、负责、宁静、谦逊、宽容、仁慈、慷慨等。究竟哪一股力量会在竞争中胜出，关键要看个体会给哪一股力量不断注入新的能量，给哪一股力量创造适宜的心理环境。表 1-1 表明了消极的人和积极的人在不同方面的应对策略。

表1-1　消极被动者与积极主动者的应对策略

类　别	消极被动者	积极主动者
自己和环境	自己受环境左右	自己有选择的权利
人和事	事情主导人	人可以主导或推动事情的进展
遇到问题时	寻求帮助	独立思考
环境不好时	不愿进取	积极进取

三、善用多元智能，学会扬长避短

传统教学以智商为依据，而智商测验结果显示只有很少人是天才，绝大多数人处于中间状态。这就导致传统教学模式下学习较好的只是个别学生。

多元智能理论是一种关于智能及其性质和结构的新理论。每个人都有多项智能，而且他们在这些智能上会表现出不同的优势。如果教育教学能充分发挥每个人的长项，那么，他们就都能取得理想成绩，得到最佳发展。多元智能提倡智能组成的多元化，有效开发个体不同的心理潜能，让个体有发展的空间。积极心理健康教育就是为这样的个体潜能开发提供源源不断的动力。

四、发展预防扶正，矫正补救

发展预防扶正就是要从源头堵住问题，以治本为重心，培养正能量。针对以往的心理健康教育把重心放在“诊断和消解痛苦”上、关注问题学生和学生的问题、治标不治本等一系列问题，积极心理健康教育强调对人性要坚持积极的评价取向，加强人自身积极因素和潜能的开发，以人固有的、实际的、潜在的和具有建设性的力量、美德和善端为出发点，用积极的心态来解读人的心理现象（包括心理问题），诠释和解决当前的诸多社会心理危机、矛盾和困惑，用积极的内容和方式激发人内在的积极品质，让个体学会创造幸福，分享快乐，使自身潜能得到最大限度地发挥，心理免疫力和抵抗力得到大幅提升，生命状态得以丰富和发展，从而塑造与和谐社会相匹配的、充满乐观和希望的积极向上的美好心灵。

矫正补救就是对那些在发展预防扶正过程中仍然出现的问题，要及时干预补救，化解问题，即在治本时不忘治标，实现标本兼治。传统心理健康教育偏重于研究心理问题和心理疾病。心理健康教育教材、当前学校开设的心理健康教育课，以及电视台不断开播的各种心理访谈节目，大多是以“心理问题”为专题的。这种问题取向的心理健康教育属于矫正补救型，只能治标而不能治本。可见，积极心理健康教育是对传统心理健康教育的矫正。

五、全员全面全程，创造分享幸福

全员全面全程，就是积极心理健康教育要面向全体，全过程引导，全面发展。全员全面全程，就是要形成以学校分管领导为统领，以专业心理教师为核心，以班主任为骨干，以学科教师为主力军，以家长为后援，以正向校园文化、社会环境和媒体宣传为积极氛围的积极心理健康教育立体网络，即“天网、地网、人网”，实现全学科、全方位渗透。创造分享幸福，就是通过播撒阳光雨露，创造快乐、体验成长、分享幸福。

第二章　积极人格与自我

第一节　积极人格概述

一、人格

（一）人格的概念界定

认识、情绪、情感、意志是心理过程，人们通过这些心理活动认识着外界事物，反映着这些事物和自己的关系，体验着各种情感，支配着自己的活动。但是，人们在进行这些心理活动的时候，都表现出了与他人不同的特点。有人善于记住事物的形象，有人容易记住抽象的概念；有人思维敏捷，有人反应较慢；有人脾气大，有人温和；有人意志坚强，有人意志薄弱……凡此种种，不一而足，说明每个人都有自己的心理特点，这些特点构成了这个人不同于别人的心理面貌，这就是人格。关于人格，不同心理学家有着不同的界定，如果把心理学家对人格概念的界定综合起来考虑，其中也有不少共同的认识。把这些共同的认识概括起来，给人格的概念下一个粗略的定义：人格是各种心理特性的总和，也是各种心理特性相对稳定的组织结构，在不同的时间和地点，它都影响着人的思想、情感和行为，使他具有区别于他人的、独特的心理品质。

（二）人格的特征

1.独特性

人格是在遗传、成熟、环境、教育等先天和后天因素交互作用下形成的。不同的遗传存在及教育环境，会促成独特的心理特点。人与人之间没有完全一样的人格特点。比如，在兴趣、爱好上有的人喜欢体育，有的人爱好美术，有的人酷爱音乐，有的人对文学爱不释手；在能力上，有的人善于组织工作，有的人表达能力强，有的人富有想象力，有的人逻辑思维较发达；在气质和性格上，有的人脾气暴躁，有的人慢性子，有的人热情直率，有的人缺乏真诚，有的人勇敢，有的人胆怯，等等。所谓的“人心不同，各如其面”正说明了人格是千差万别、千姿百态的，而这就是人格的独特性。人格的独特性并不排斥人与人之间在心理上的共同性。就是说，人格中还存在着共性。所谓心理上的共性，是指某些人具有的共同的典型特征，如中华民族是一个勤劳的民族，这里的“勤劳”品质，就是共性的人格特征。

2. 稳定性

人格的稳定性是指那些经常表现出来的特点，是一贯的行为方式的总和。比如，一个性格内向的大学生，在各种场合都会表现出沉默寡言的特点，这一特点从入学到毕业都不会有很大的变化。这就是人格的稳定性。俗话说：“江山易改，禀性难移。”当然，强调人格的稳定性并不意味着它在人的一生中是一成不变的。因为现实生活是十分复杂的，人们之间的交往也是纷繁多变的，所以作为人的生活历程反映的人格特征，也必然随着现实的多样性和多变性而发生或多或少的变化。

3. 整体性

人是极其复杂的，人的行为表现出多元性、多层次的特点。人格的组合千变万化。一个人的人格特征并非各种特征的机械总和，而是彼此紧密联系、相互依赖构成的有机整体，具有内在的一致性，受自我意识的调控。正常人的行动并不是某一特定心理特征单独发挥作用的结果，而是各个成分密切联系、协调一致所进行的活动。当一个人人格结构的各个方面，如能力、气质、性格、动机、情绪、态度、需要、人生观、价值观等彼此和谐一致时，就会呈现出健康的人格特征，否则就会出现各种心理冲突，甚至出现“人格分裂”。

4. 社会性

人格的形成必然要受周围社会环境和社会条件的影响，人格既是社会化的对象，也是社会化的结果。一位哲人说过：“一个人的性格就是他的命运。”人格是人生活成败、喜怒哀乐的根源。人格决定人的生活方式，甚至会决定人的命运。人们经常会使用人格特征来解释某人的言行及事件的原因。当面对挫折与失败时，坚强者发奋拼搏，懦弱者一蹶不振。当面对悲痛时，一些人可以将悲痛化为力量，而另一些人则会变得消沉。此外，当人格功能发挥正常时，人们健康而有活力，而当人格功能失调时，人们则会表现出软弱、无力、失控，严重的人格失调者甚至会对他人或社会造成一定的伤害。

二、积极人格的概念

积极人格在广义上指人类潜在的核心美德和积极力量。具体来说，积极人格是积极的心理品质，是人格中积极力量和正向特质的统称，包括快乐、和平、爱、希望、负责任、宁静、真理、忠贞和幸福等积极人格品质，具有建设性力量。塞利格曼和彼特森认为，第一，积极人格是由积极特质构成的整体，在不同个体身上，这些积极特质存在着不同程度的差异；第二，积极人格是个体内在的稳定特征；第三，积极人格在人的整个生命周期里，都在不断地发生变化；第四，对积极人格的研究应把重点放在更具有价值的积极特质上，而不是那些受制于文化的因素。

美国心理学史家舒尔茨在《现代心理学史》第八版中称：积极心理学和进化心理学是当代心理学研究的最新进展。积极心理学主要是在个体水平上对人格进行了研究，在这一方面，积极心理学秉承了它的一贯做法，主张人格研究不仅要研究人的问题人格特质和影响人格形成的消极因素，还要致力于研究人的良好人格特质以及影响人格形成的积极因素，尤其是研究人积极的现实能力和潜在能力在个体良好人格特质形成或发展中的作用，笔者将这种人格研究倾向称为积极人格研究。

三、积极人格特质

（一）常见的24种积极人格特质

积极人格特质又叫人格优势。如今，积极心理学家已经建构起了“人格优势的价值实践分类体系”（values in action classification of strength，VIA）。该体系提炼出人类本性中的六大美德，即智慧、勇气、仁慈、正义、节制与超越。这六大美德包含了个体人格中的24种优势，如表2-1所示。

表2–1　人格优势的价值实践分类体系（VIA）

美　德	人格优势
1. 智慧与知识 认知优势：知识的获得和应用	（1）创造性 （2）好奇 （3）开放、全面看待问题的眼光 （4）好学 （5）远见卓识
2. 勇气 情感优势：面对内外冲突也要完成目标的坚定意志	（6）真实性，真实地表达自己 （7）英勇，面对挑战、威胁和苦难毫不退缩 （8）坚持不懈 （9）热情，充满动力和激情地生活
3. 仁慈 人际交往优势：包含照顾和友好地面对他人	（10）善良 （11）爱与被爱的能力 （12）社交智能
4. 正义 文明优势：促成健康社区生活	（13）公平、平等 （14）领导能力 （15）团队合作精神
5. 节制 处世优势：避免无节制带来的伤害	（16）宽恕 （17）谦逊、适度 （18）谨慎 （19）自我管理
6. 超越 将人类与自然、宇宙相联系，提供更深层意义的性格优势	（20）对美的欣赏和领会 （21）感恩 （22）希望 （23）幽默 （24）对更高目标、更有意义的生活的信仰

（二）积极人格特质的测量

优势价值实践调查表是评估人格优势的重要工具，该量表可以帮助个体评估其在 24 项人格优势上的情况，得分较高的 5 个优势被称为显著优势，即个体人格中较为突出的积极特质，如表 2–2 所示。

表2-2　优势价值实践调查表（简版）

	非常同意	同意	中立	不同意	非常不同意
1. 我总是对世界充满好奇	5	4	3	2	1
2. 我总会感到无聊	1	2	3	4	5
3. 学习新东西总会让我兴奋惊讶	5	4	3	2	1
4. 我从来不会主动去参观博物馆	1	2	3	4	5
5. 我是一个冷静而理性的“思考者”	5	4	3	2	1
6. 我常常很冲动，匆忙做出判断	1	2	3	4	5
7. 我总喜欢琢磨解决问题的新方法	5	4	3	2	1
8. 我的大多数朋友都比我有想象力	1	2	3	4	5
9. 各种社交场合，我都能应付自如	5	4	3	2	1
10. 我不太善于体察他人的想法或情绪	1	2	3	4	5
11. 我比较擅长分析形势、顾全大局	5	4	3	2	1
12. 很少会有人回来向我寻求建议	1	2	3	4	5
13. 我总能在逆境或困境中挺身而出	5	4	3	2	1
14. 痛苦或挫折常常让我灰心丧气	1	2	3	4	5
15. 一旦我开始做某事，我总能坚持到底	5	4	3	2	1
16. 学习或工作时，我经常容易分心	1	2	3	4	5
17. 我总能信守承诺	5	4	3	2	1
18. 从来没人告诉我，我是个实事求是的人	1	2	3	4	5
19. 我常常帮助他人，与人为善	5	4	3	2	1
20. 我不太会为他人的成就感到欣喜	1	2	3	4	5
21. 在我的生命中，有人像关心自己一样关心我	5	4	3	2	1
22. 我不太懂得如何接受别人的爱	1	2	3	4	5
23. 我总会竭尽全力完成团队的任务	5	4	3	2	1
24. 我不太愿意为了集体而牺牲自己的利益	1	2	3	4	5
25. 我能够平等地对待他人	5	4	3	2	1
26. 如果我不喜欢某人，我很难以公平之心来对待他	1	2	3	4	5
27. 我总能召集他人，同心共事	5	4	3	2	1

续 表

	非常同意	同意	中立	不同意	非常不同意
28. 我不太擅长组织集体活动	1	2	3	4	5
29. 我能很好地控制自己的情绪	5	4	3	2	1
30. 节食对我来说是件异常困难的事	1	2	3	4	5
31. 我尽量避免参加那些可能危害身体的活动	5	4	3	2	1
32. 我有时会在人际交往中做出错误的选择或决定	1	2	3	4	5
33. 当别人称赞我时，我总会试图转移话题	5	4	3	2	1
34. 我常常向他人夸耀自己的成绩	1	2	3	4	5
35. 我总能被音乐、戏剧、电影等艺术作品所感动	5	4	3	2	1
36. 我从未亲手创造过美好的事物	1	2	3	4	5
37. 哪怕是不起眼的小事，我也会对帮助我的人说“谢谢”	5	4	3	2	1
38. 我从来不会静下心来回顾生命中的感动	1	2	3	4	5
39. 我总能看到事物好的一面	5	4	3	2	1
40. 我很少会为达成目标而制订周详的计划	1	2	3	4	5
41. 我有明确的人生目标	5	4	3	2	1
42. 我对生活没什么特别的追求	1	2	3	4	5
43. 我能做到既往不咎	5	4	3	2	1
44. 我有时会得理不饶人	1	2	3	4	5
45. 我能很好地协调工作与生活，张弛有度	5	4	3	2	1
46. 我不太会说笑逗乐	1	2	3	4	5
47. 做任何事时，我都能全身心投入	5	4	3	2	1
48. 我总是闷闷不乐	1	2	3	4	5

计分方法：以上这些题目，两两一组对应同一优势，如第 1、2 题对应“兴趣好奇”，第 3、4 题对应“热爱学习”，以下依次为思考判断、创造才能、社交智慧、洞察悟性、勇敢无畏、坚持勤奋、正直诚实、善良慷慨、爱与被爱、公民责任、公平平等、领导才能、自我控制、谨慎审慎、谦逊谦虚、美的领悟、感恩感激、希望乐观、信仰灵性、宽容宽恕、幽默风趣、生机活力。

把对应同一优势的两题的得分相加，得分较高的 5 种优势就是“显著优势”。

第二节　积极人格之自律与希望

一、自律的含义

自律是指人们有意识地控制自己，有原则地对待事物，能够主动掌握自己的心理和行为。自律是职场和生活中不可缺少的人格素质。能够自我约束和自我控制的大学生，在成功的路上必定能抵制种种诱惑，勇往直前。自律在不同情况下有不同的体现：追求个人发展的人把它视作改变习惯、摆脱旧习惯的能力；音乐家把它视作每天早起练习以保持技术水平和记忆水平的能力。简单地说，自律是以积极而主动的态度去解决人生痛苦的重要原则。建立自律习惯可以用一个比喻来解释：自律像一块肌肉，你训练它的时间越多，你就越强壮；你训练它的时间越少，你就越虚弱。所以，提高自我约束和自我控制也需要不断用自律来锻炼。要做一个自律的人，需要具备以下条件。

（一）认同事实

认同事实意味着能准确地察觉现实并且有意识地承认自己的感觉。这个听起来似乎很简单明了，但是当具体实践时很难做到。如果你没有有意识地承认自己在自律方面所处的状况，那么你有可能不会在这方面有提高。如果你想提高自己的自律能力，就必须知道你现在所处的状况，比如你的自律力现在有多强？哪些挑战对你来说轻而易举？哪些你事实上不可能做到？

（二）拥有意志力

意志力能够把你的精力集中起来，奋力地前进。但是，如果意志力只能用在短期的突击上，那么什么是运用它的最好方式呢？

（三）勇于面对困难

当你愿意克制自己去做一些困难的工作时，你就能得到别人无法达到的高度。当你停止逃避，停止害怕困难，而是选择去面对它、承受它时，你的生活会达到一个新的高度。把困难当成朋友而不是敌人，它将是你的法宝。

（四）勤奋

勤奋就是花时间去做事，但是你要能够把时间花费在必须花费的地方。如果你拒绝花费时间把这些事情做对做好，事情就会一团糟。当然，辛勤工作不等于有智慧，但这并不能掩盖它在个人提升中的重要作用。一旦你决定了一系列的行动并且已经做好计划，那么没有什么能比勤奋更有用了。长远看来，你的成果源于你的行动，而勤奋就是行动的最好方式。

（五）坚持不懈

世界上没有什么东西能够代替坚持，才华不能代替它，那些有才华的人不能成功的实例太常见了；天赋不能代替它，“没有回报的天赋”都快成俗语了；接受教育也不能代替它，世界上到处都是接受过教育而不得志的人。单单是坚持不懈和决心就是无所不能的。当你执行大目标时，你的动机会时强时弱，所以坚持不懈就是在所有时刻让你不顾自身感受努力维持一项行动的能力。

二、自律的意义

人生是一个面对问题并且解决问题的过程。问题能启发人们的智慧、激发人们的勇气，问题是人们成功与失败的分水岭。为解决问题而付出努力，能使思想和心智不断成熟。面对问题，聪明的人不因害怕痛苦而选择逃避，而是迎上前去，直至将其战胜为止。规避问题和逃避痛苦的趋向是人类心理疾病的根源。人生的问题和痛苦具有非凡的价值。勇于承担责任，敢于面对困难，才能够使心灵更健康。自律是解决人生问题的首要工具，也是消除人生痛苦的重要手段。自律的人能在面对问题时保持坚毅、果敢的态度。人的一生是一个不可逆的过程，要提高人的社会价值，使人生更有意义，就必须善于认识自己、规划自己、控制自己，使个人的发展与社会的进步相协调、相和谐。

根据教育工作者的经验，不少青春期的少年却缺少这种健康的常态。许多少年懂得延迟满足感的好处，但还有部分少年缺乏能力和经验，这和父母的教养方式有一定的关系，但当他们长大成人，如果意识到自己在自律方面存在一定缺陷，那么就应该努力去学习和实践，而不该再去抱怨父母。人们有改变人生的能力，但可悲的是，部分人缺乏改变人生的意愿和行动。

三、自律的方法

（一）需要有自知之明

自律意味着你的行为取决于你能做出正确的决定这一信念，而非取决于你当时的情感。因此，自律的第一个特性就是自知之明。你的行为较好地反映了你的目标和价值。这个过程需要自省和自我分析，而且如果你试着把它写下来那就更有效了。所以，你应该花些时间来写下你的目标、梦想和抱负。

（二）对所做的事情及要做的事情有清醒的认识

自律依赖于你对正在做的和还没有做的事情有清醒的认识。如果你不知道自己的行为是不自律的，你无法让自己自律。自律是需要花时间的，关键是你要意识到自己的不自律行为。随着时间的推移，这种意识会变得越来越简单，并使你在做不自律的事情之前就意识到，而不是等到已经开始做的时候。

（三）承诺自律

你只是写出目标和价值是不够的。你必须对它们做出内心的承诺。否则，当闹钟在早上 5 点响起的时候，你会毫无愧疚按下闹钟再睡 5 分钟……或者，当最初的热情从一个任务中退去的时候，你会跟自己斗争是否要看到任务完成。你要对即将做的事情做出一个有意识的决定，接着应该想办法来实践你的承诺。

（四）鼓足勇气

不犯错的自律是困难的。情绪、欲望和感情会强有力地阻止你前进。因此，自律是需要勇气的。事实上，当有些事情做起来较为困难和痛苦的时候，不要假装这些事情对你来说很容易。

（五）内心的训练

自己同内心对话的练习是双刃剑，但是如果你控制得好，它也可以变得较为有用。当你发现自律受到挑战时，你可以提醒自己自律的代价总是要比后悔的代价低。鼓足你的勇气，实践你的承诺，并时刻保持清醒的头脑。

（六）责任——自律的救助机制

在某个关键时期，自律减弱到不靠外力帮助不能再起作用的时候就是责任感发挥作用的时候。别人推动或强制你去做那些你难以强迫自己去做的事，他们使你对每个行动都保持责任感，不是在你失败时愤怒地瞪你一眼，而是确保你不会在一开始就失败。

找一个每天与你生活在一起、可以帮助你的人，培养新的工作习惯，那个人在你工作时出现。贯穿工作和日常生活的习惯要复杂一些，早期可能需要有人在家监督你，比如家人；也需要有人在学校监督你，比如同学。

（七）自律小技巧

自律的核心就是学习自我照顾，承认自我价值的重要性，并采取措施照顾自己，这是走向自律的关键。自律的过程就是自我完善的过程。下面的具体方法供大家参考。

（1）确定做事的优先顺序，然后按这个顺序去做。如果人们只看自己的心情和一时的方便行事，肯定不会成功，更不要说别人尊重并跟随他了。有一句话说得好："完成重要任务有两项不可缺少的伙伴：一是计划，二是不太够用的时间。"人们的时间是有限的，所以免不了要制订计划。如果你能够找出何者较为重要，刻意从其他的事情中抽出身来，这会让你有足够的精力去完成首要的任务。

（2）把自律的生活方式当成目标。向高度自律的人学习，你会发现自律不能只偶尔为之，它必须成为你的生活方式。培养自律的最佳方式是为自己制定系统及常规要求，特别是在你认为重要的、需要长期的成长及追求成功的指标项目上。

（3）向你的借口挑战。如果想培养自律的生活方式，首要的功课就是改掉找借口的习惯。正如法国古典作家佛朗哥所说："我们所犯的过错，几乎都比用来掩饰的方法更值得原谅。"如果你有几个无法自律的理由，那么，你要认清它们只不过是一堆借口罢了。如果你想成为富有成效的人，就必须向你的借口提出挑战。

（4）工作完成之前，先把奖励挪开。

四、自律的心理训练：行为自制训练

人们可以参照以下活动进行自律的心理训练。

（一）活动介绍

习惯决定性格，性格决定命运。大家都希望养成好的习惯来培养好的性格，而好习惯的养成需要建立在行为自制的基础上。

（二）活动步骤

（1）每人在纸上写下一个自己希望养成的好习惯，要具体化，难度适中。

（2）写下一个自己一直想改却总是改不了的坏习惯。

（3）思考。看看自己所列的习惯是不是只要花较少的时间就可以做到或改正，并分析好习惯和坏习惯养成的原因，填入表格，如表 2–3 所示。

表2–3　习惯养成表

	原因一	原因二	原因三	原因四
好习惯				
坏习惯				

（4）总结。为了训练自己的自制力，可参照下表（表2–4）进行自制力的训练。

表2–4　自制力训练参照表

方　案	操作提示
学会倒计时	· 为自己确定一项在一小时之内完成的工作 · 找一个带有秒表的时钟 · 做好前期准备工作 · 静下心来 · 马上动手 · 开始工作 · 好了，时间到 · 不断重复，直至养成习惯
让自己集中注意力	· 从你的手机或电脑上选一段音乐，时间大概3分钟 · 拿出一张狭长的纸条或者一支笔，放在自己的面前 · 打开音乐 · 音乐响起的时候，开始在纸上画出曲线：音乐高的时候，曲线就接近上边；音乐低的时候，曲线就接近下边。可以逐渐增加音乐的长度，有助于注意力的形成
强迫自己养成一种习惯	· 要改变拖拉的习惯，就必须先学会培养其他的习惯，养成习惯这种行为本身就是良好的习惯
把因拖拉导致的问题列成表格	· 这种方法类似于日记，它可以使人们在遇到类似情况的时候想清楚后果，这样人们就自然产生一种紧迫感，不再拖拖拉拉
每天列出任务清单，并给自己打分	· 分数的意义在于它体现了一个标准和一种衡量行为的价值体系
学会模仿别人	·“模仿”这种行为就是一种娱乐方式，很多人都以模仿别人或动物的姿态和声音为乐，而且从大的角度来说，人们总会不自觉地为自己树立很多模仿的榜样

续　表

方　案	操作提示
学会假设	· 如果不做这件事，会有什么后果 · 如果明天再做这件事，会有什么后果 · 如果请人帮你做这件事，会有什么后果 · 还有什么其他方法可以做这件事 · 谁最擅长做这样的工作 · 需要做哪些准备工作

（三）活动点评

这一系列问题和表格有助于自己发现并分析习惯养成的原因。按照表格中所列项目，从改变行为入手，提高自己的克制力，帮助自己培养好习惯、改掉坏习惯。

五、乐观希望概述

一般认为，乐观者善于在失望和绝望中看到希望，悲观者却在希望中为失望和绝望做准备。一个人如果心态积极，乐观地面对人生，乐观地接受挑战和应付麻烦事，那他就容易成功。

正如同样面对半杯水，乐观者的理解是“还有半杯水”，而悲观者的理解是“只剩半杯水”。乐观者在每次危难中都看到了希望，而悲观者在每个机会中却无法摆脱失望的阴影。

《辞海》中关于乐观的定义是指遍观世上人、事、物，皆觉快然而自足的持久性心境，与“悲观”相对。

当评价者把某种社会性的未来或物质性的未来期望视为社会上所需要的、是对他有利的或能为他带来快乐时，那么与这种期望相关联的心境或态度就是乐观。

由上可见，乐观是一种人格特质，是个人对未来事件的积极期望、积极解读和积极推测，相信事件朝着预期方向发展，表现为一种积极的解释风格。乐观是抵御恐惧和焦虑的心理防线，因而是调节心理健康和身体健康的一种重要的内部资源。

希望是个体对自己能够实现预想目标所抱有的乐观态度，这种乐观态度表现为对自身能力和实现目标的途径的积极认知和体验。

六、希望的作用与不足

（一）希望的作用

人类天生拥有希望，但个体之间拥有的希望水平千差万别。研究显示，具有高希望水平的儿童、青少年和成人在学校、运动和工作中表现得更好、更健康，具有更好地解决问题的技能和心理调节能力。通过对个体希望的强化，希望的感觉会帮助个体制定更有利于实现目标的决策。

希望作为一种帮助个体应对各种环境的有效心理能量，能够在个体遭遇未来可能的问题或压力事件时起到保护作用。在经历负面的生活事件时，希望水平高的个体通常表现出更高的生活满意度和较少的问题行为。所以，虽然无法改变环境，无法消除不利的生活事件，但是可以通过希望干预帮助个体创造性地选择了其他路径达到了目标或灵活地选择其他可实现的目标，从而更加有效地应对消极或不利的生活环境，促进个体身心健康。

人生可以没有很多东西，却唯独不能没有希望。希望是人类生活的一项重要价值。有希望之处，生命就生生不息！

一个对生活充满希望的人，势必会努力保持自己对目标的追求与渴望。心理学家穆勒认为，希望是人们基于对美好状态或美好事物的预期和描绘而带来的一种自我提升或者一种从困境中自我释放的感觉，是一种个人感觉自己可胜任、可应对的能力感和心理上的满意度，一种人们对生活的目标感、意义感的体验以及对生活中充满无限的“可能性”的感觉。

（二）希望可能的不足

希望是一种优秀的心理品质，但也存在着一些潜在的缺陷和不足，需要人们时时警惕和自省。

首先，希望必须是现实的，虚假的希望是一个潜在的威胁。希望与成功之间可能是一种倒“U”形的关系，也就是说，当希望水平很低时，由于个体沉溺于当前的状态，不会设定目标、追求目标，自然无法取得成功；但是当希望水平过高，甚至变得不切实际的时候，个体由于没有能力完成目标，同样会面对惨痛的失败。因此，只有处于一种适中的、合理的希望水平时，希望才能够促进成功。充满不切实际希望的人还可能会掉进“承诺升级”的陷阱，在目标虽然富有挑战性，但并没有战略意义或者不可能实现的时候，仍然继续热情地追求目标。因此，专家提出，在培养希望的同时，培养“重设目标”的技能，这样，充满希望的个体才能把他们的精力和创造力重新定位到正确的目标上，而不是继续停留在过时的或是已经被证明无法实现的目标上。

其次，对于充满希望的人来说，希望的另一个潜在缺陷是他们可能会陷入“只要目的正当，可以不择手段”的心理状态。当他们坚持不懈地追求有价值的目标时，一些满怀希望的个体可能会为了自身或其他利益相关者权益的最大化，而以牺牲社会责任或是个人伦理价值观作为代价。例如，某些个人目标可能仅仅从自身利益出发，没有考虑对他人的影响；有些目标可能仅仅从自身利益出发，没有考虑对他人的影响；有些目标会使一部分利益相关者受到损失；等等。因此，在培养和开发希望的时候，要时刻注意将希望的意志力和途径引导到合适而又合乎伦理的目标上去，在设定目标时要充分考虑各种利益相关者的需求和权力，让个人目标与群体目标、组织目标，甚至整个社会的目标相一致。

最后，对于想要培养希望水平的个人或是准备开发他人希望的教育者而言，不要因为目标的重要性，或是实现目标的紧迫性，就使整个实现目标的过程了无生趣。终极目标和结果固然重要，但要学会享受开发希望、实现目标的过程。设定目标、拓展目标、分布前进和重设目标不应该被当成实现终极目标的过程，也不应该被当成实现终极目标的分任务，而应该被视为学习、成长和自我实现的体验。在培养他人希望时还应该注意，尽可能多地让被培养者参与到目标设定和途径选择的过程中来，同时对他们进行一定程度授权，逐步增加他们的个人责任和自主权。否则，即使目标合理、途径便捷，也会被他们视为“你”的目标而不是“我”的目标，大大降低被培养者的热情和参与程度。

总之，希望是一种无价之宝，如果合理利用，对个人、群体、组织和社会有着积极意义。但凡事有度、过犹不及，在培养和利用希望时，也要注意可能存在的不足和缺陷。时时警惕，避开陷阱，通向目标的希望之路将更加宽阔平坦。

七、希望的心理训练

人们可以参照以下项目进行希望的心理训练。

（一）训练项目一：奏响希望的主题曲

1. 活动介绍

活动目的：从对“希望”的表述反观参与者对自身状况的不满意程度。通过分析是“对自我的要求”还是“对他人的要求”，引导参与者分析自己的抱怨和不满，学习如何将消极想法转换成积极想法。

2. 活动步骤

（1）你的愿望和目标。在纸上写下目前的愿望和目标，如“你希望不再感到孤独”“你希望体重更标准一些”“你希望爸爸能够多理解自己一些”，一共造 20 个包含“我希望”的句子。

（2）分类。看一看你的愿望，把它按照“对自己的愿望”和“对他人的愿望”分成两类，用不同的颜色或符号标记。

（3）提问。

①改变自己容易还是改变别人容易？

②在平时的生活中，你想的和做的多数是改变自己还是改变别人？成功了吗？

（4）“你的主题曲”。

①改变别人的人，生命中的主题曲是怎样唱的？

②改变自己的人，生命中的主题曲是怎样唱的？

3. 活动点评

最重要的不是你按照别人期望的生活方式而生活，而是由自己选择生活方式。你有选择生活方式的权利，他人同样也有。钥匙掌握在每个人手上，不要轻易把控制权交出去。当你具有选择和创造自己生活的勇气时，你也将担负起对自己的责任。不论成败都能够充实的生活，因为你的生活不是被他人所设计的。

这需要人们对生活有足够的勇气，以从容应对人们生活中的未知数。

（二）训练项目二：让梦想照进现实

1. 活动介绍

活动目的：通过挖掘自己的梦想，结合指导对其进行分类，帮助梦想达成。

2. 活动步骤

（1）梦想家族。

①写下你的梦想，可以写若干个，并标出序号。

②将你的梦想按照“最想实现”“最不想实现”“最可能实现”“最不可能实现”四个维度进行评价，并将梦想归类，将上述梦想的序号填入下表（表 2–5）中，从交叉处发现离自己最近、最有动力的梦想。

表2–5　梦想实现的四个维度

	最想实现	最不想实现
最可能实现		
最不可能实现		

（2）梦想擂台。如果有一个关于梦想的“风险投资 / 融资会”，可以为你的梦想募集支持资金，但是需要你向投资团进行游说，并接受他们的提问。

①请用 5 分钟进行准备，不能互相交流。

②选择两位参与者模拟“风险投资 / 融资会”。选择 2 ～ 5 人作为“投资团”成员。

③请两位参与者分别向“投资团”陈述自己的梦想和所制订的计划。

④“投资团”成员向参与者提问。

⑤“投资团”商议决定哪一位获得风险投资。

（3）分享与总结。分享完梦想擂台的感受后，将附录发给所有人请大家对照附录上的问题和今天活动的情况，对自己的梦想、希望做一个完整的规划，并努力实现它。

3. 活动点评

通过此活动，实现理想与现实的对接，让希望真正走进人们的生活。

第三节　认识自我与悦纳自我

当你向一位陌生人描述自己时，你先想到的特征是什么呢，是你的性别？是你的社会角色，如学生、职员、画家？还是你的性格特征，如外向、内向？还是你的爱好或优缺点？

当然，在不同的年龄阶段，你对自己可能有不同的描述。例如，小时候你可能会说“我是一个小可爱”，中学的时候你可能会说“我是一个多愁善感的人”，大学的时候你可能会说“我很丑，但是我很温柔”。

也许，你可能更倾向于用概括性的语言对自己做一个总体的评价。例如，“我是一个追求优雅和成功的女性”“我虽然平凡，但是很快乐”“我是一个自信的人”等。

其实当你用这些特征来描述自己的时候，你就是在进行自我认识和自我定义。从人们两三岁自我意识开始发展以来，就在不停地认识自己，并且在自我定义的过程中不断塑造着自己。良好、客观的自我意识可以让人们正确地认识自己，促进自身发展；而歪曲、主观的自我意识则会让人们在错误的道路上跌跌撞撞，甚至在成长的过程中给自己制造很多阻碍。

一、自我意识的概念

所谓自我意识，是指人对自己的认识，即个体对自己的身心状况与特征，自己与他人、与周围世界的关系的意识。它是人格结构的核心部分，是人的意识的本质特征，是一种多维度、多层次的心理系统。简单地说，自我意识就是自己对自己的认识。

二、自我意识的结构

（一）从内容上分

从内容上分，自我意识可分为生理自我、社会自我、心理自我。

生理自我是指个人对自己生理状况的意识，包括占有感、支配感、爱护感和认同感等，这些意识是个人在与他人交往中通过学习而逐渐形成的。生理自我使个人把自我和非我区别开来，即将自己从客观事物中区别出来，意识到自己不是别人，自己的生存是寄托在自己的躯体上的。生理自我是自我意识的最初形态。

例如，对体重、身高、身材、容貌等体像和性别方面的认识，对身体的痛苦、饥饿、疲倦等的感觉。

社会自我是指个人对自己社会性的意识，包括个人对自己在社会关系中各种角色、地位、权利、义务等的意识。社会自我是随着社会化进程，在个体逐渐学习角色并实践角色的过程中出现的。

例如，自己在朋友、同学、家庭、社会中所处的地位，自己与他人的关系等。

心理自我是指个人对自己心理方面的意识，包括自己的感知、记忆思维、智力、性格、气质、动机、需要、态度、信念、理想、价值观和行为等。个人对自己的生理的、社会的、心理的种种意识也是密切联系在一起的，并且是相互影响的。心理自我是与社会自我同时形成和发展起来的，这也构成了每个人独特的自我形式和内容。

例如，能力、知识、情绪、气质、性格、理想、信念、兴趣、爱好等。

因此，自我意识就是个体对自己的身心状况和对自身与别人以及与周围世界关系的认识。

（二）从形式上分

从形式上分，自我意识可分为自我认知、自我评价、自我控制。

自我认知是自我意识中的认知成分，包括自我感觉、自我观察、自我观念、自我分析和自我评价。

自我评价是自我意识中的情感成分，包括自尊、自信、自卑、自我效能感。

自我控制是自我意识中的意志成分，包括自我监督、自我控制、自我完善等。它们之间的关系，可用表 2–6 表示。

表2–6　自我认知、自我评价、自我控制的关系

	自我认知	自我评价	自我控制
生理自我	对自己身体、外貌、衣着、风度、家属、所有物等的认知	英俊、漂亮、有吸引力、迷人、自我悦纳	追求身体的外表、物质欲望的满足，维持家庭的利益等
社会自我	对自己的名望、地位、角色、性别、义务、责任、力量的认知	自尊、自信、自爱、自豪、自卑、自怜	追求名誉地位，与他人竞争，争取赢得他人的好感等
心理自我	对自己的智力、性格、气质、兴趣、能力、记忆、思维等特点的认知	有能力、聪明、优雅、敏感、迟钝、感情丰富、细腻	追求信仰，注意行为符合社会规范，要求智慧与能力的发展

（三）从自我观念上分

从自我观念上分，自我意识可分为现实自我、投射自我、理想自我。

现实自我也称现实我，是个人从自己的立场出发对现实中的我的认识。

投射自我是个人想象他人对自己的认识，如想象他人心目中自己的形象，想象他人对自己的评价以及由此产生的自我感。因此，投射自我又称镜中自我。现实自我与投射自我不一定是相同的，两者之间可能会有距离。当这个距离加大时，个体就会觉得自己不为别人所理解，因而容易产生隔阂，甚至发生冲突。

现实自我与投射自我一致时，个体产生加快自我发展的倾向；反之，个体会感到别人不理解自己，或试图改变现实自我。

理想自我也称理想我，是个人对将来自我的构想，如个人将来的生活目标、抱负、成就以及自己想成为什么样的人等。理想我是个人追求的目标，

不一定与现实自我一致。但理想我对个人的认识、情绪和行为影响很大，是个人活动的动力和参照系。

理想自我建立在现实自我基础上，符合社会期望，自我意识获得快速发展。

三者之间的矛盾：引起个体内心混乱，甚至产生严重的心理问题。

请不要用“理想的我”来贬损“真实的我”。真实的我，也许不是十全十美，但却自有强大的魅力在其中。

三、自我意识的作用

（一）推动作用

人的自我意识对他的感觉、思维、情感和行为具有重大的推动作用，特别是对人的自尊心、自信心以及自我形象的转变有着重要影响。

1. 自尊心

自尊心是维护自我尊严的一种自我情感体验。自尊心是自我意识的重要成分，它表现为尊重自己的人格，尊重自己的荣誉，不向别人卑躬屈膝，也不容许别人歧视和侮辱自己。

2. 自信心

自信心是对自己力量的恰当估计，对自己的接纳和认可，是理想自我和现实自我的整合统一，是自我意识的重要成分。

3. 自我形象

自我形象是自己头脑中如何看待自己的方式。它是人的内心中关于“自己是个怎样的人”“应该成为怎样的人”的指针。自我意识影响着自我形象，是自我形象建立的基础。

（二）自控作用

在必要的情况下，自我意识能够控制自己的行为和态度。

（三）内省和归因作用

因自我意识的存在，个体在成长过程中会不断自省，并对所得到的信息进行归因，对自己进行监督和自我教育，促进自我成长。

四、认识自我的心理训练

（一）训练项目一："小小动物园"

1. 活动介绍

（1）活动目的：通过某种动物来展示自己的独特性，并通过小组成员的点评帮助每位成员更好地认识自我。

（2）活动材料：卡片、彩笔。

2. 活动步骤

（1）每人在手中的卡片上写出能代表自己的动物，写完后在小组中呈现。

（2）分别向小组成员解说为什么这种动物能代表自己，有哪些特点是和自己相似的，又有哪些特点和自己不一样。

（3）互相点评小组成员。

3. 活动点评

每个人都有自己的特点，都在一定程度上了解自己的优缺点，但通过这个活动可以发现，有些优点自己并不了解，有些缺点也尚未意识到，通过自我分析并结合他人对自己的印象，在交流中促进自我认知。

（二）训练项目二：我是谁

1. 活动介绍

活动目的：通过 20 次对"我是谁"的自问自答，对自己有个初步的认识和评价；通过同学之间的相互评价，对自己进一步认识和评价；通过总结、肯定，正确认识自己；通过接纳自我，认识并接纳他人。

2. 活动步骤

（1）准备一张白纸和一支笔。

（2）3 人一组，选一个组长。

（3）指导者可以先找出一个成员进行示范，让他连续回答“我是谁”。当他说出一些众所周知的特征（如“我是学生”）时，指导者告诉大家，这种回答不能反映个人特征，应尽量选择一些能反映个人风格的语句；然后指导大家边思考边写出至少 20 个答案。当最后一个同学写完时，指导者请成员在小组内交流。

3. 活动点评

自我意识的辅导往往通过了解“我是谁”来提高个体的自我接受水平。个体只有认识自己、接受自己，理智地看待自己的优缺点，才有可能冷静地分析自己的得失，才有可能做到扬长避短，取长补短，更好地发挥自己的潜能并保持适度的自我期望水平。而且自我概念是统一的、连续的，现在与未来的我基本上是与过去的我相似的；同时，个体必须从内在（自我的知觉）和外在（别人对他的反应）的一致性中获得信心。

（三）训练项目三：人生金三角

1. 活动介绍

活动目的：通过回忆自己经历的事件，对自己之前的生活进行总体性评价。

2. 活动步骤

（1）回忆迄今为止，你人生中最快乐的一件事。

（2）回忆迄今为止，你人生中最难忘的一件事。

（3）回忆迄今为止，你人生中最遗憾的一件事。

（4）回忆假如今天你的生命将结束，你最想对自己说的话。

3. 活动点评

此活动帮助人们在回首往事的过程中发现自己的“人生之最”，并珍惜未来时光，塑造更优秀的自我。

（四）训练项目四：他人眼中的我

1. 活动介绍

（1）活动目的：促进成员全面认识自我。

（2）活动材料：每人一张纸，一支笔。

2. 活动步骤

（1）请在纸上写出有关“父亲眼中的你”“兄弟姐妹眼中的你”“朋友眼中的你”“自己眼中的你”及“母亲眼中的你”“同学眼中的你”“恋人眼中的你”“自己理想中的你”的内容。

（2）填完后大家一起交流。填写的过程会反映出不同的心态。

3. 活动点评

要想达到自我实现，需要现实自我与理想自我的协调与一致、现实自我与主观自我的协调与一致。通过这个活动，有些人再一次肯定积极而可爱的自我，但有些人却产生一种压抑的感觉。值得注意的是，你对哪些人的看法较为重视？为什么？最难写的是什么？为什么有人写不出来？你所填写的内容多数是正面的还是负面的？这个活动可以从多个角度来认识自我，有助于全面认识自己。

五、悦纳自我概述

人不但要了解自己，还要接纳自己的不完美。俗话说“人无完人”，如果人们只盯着自己的缺陷或短处，就会感到自卑，从而阻碍自己的发展，那么不妨尝试接纳自己所不能改变的，改变自己可以改变的。

人的生命短暂，精力也是有限的。如果人们只盯着那些无法改变的事，会大大消耗本可以用来努力发展自我的力量。对于无法改变的，明智的做法应该是学会愉快地接纳自己、接纳现实。

（一）悦纳自我的内涵

“悦纳自我”是发展健全的自我意识的核心和关键，它有三层含义：①接受自己的全部，无论优点还是缺点，无论成功还是失败；②无条件地接受自己，接受自己的程度不以自己是否做错事而有所改变；③喜欢自己，肯定自己的价值，有愉快感和满足感。自信是悦纳自我的重要表现，是自我成长不可缺少的心理品质。自信的人和人交往常常是开放的、坦诚的；他们愿意听取别人的意见，也敢于发表自己的见解；他们欣赏别人的优点和所长，也欣赏自己的优点和所长；他们宽容别人的缺点和不足，也接纳自己的缺点和不足；他们常常有知己好友，彼此分享快乐和烦恼，互相帮助，但不是互相依赖和占有。他们即使和朋友分手了，也不会把昔日的朋友贬低得一无是处。他们可以和任何人交往，但是不会滥交朋友，而是有选择地交朋友。保持同一性且倾向正确的自我意识需要在人际交往、学习生活中不断发展与完善，形成统一体系，才能促进个体全面发展，从而了解自己的人格特质，确定自己的价值观，并且接纳自己的长短、察觉自我、肯定自我、适当调节自我。

（二）悦纳自我的原因

人的积极状态体现在高于自我评价和积极对待自我方面，即悦纳自我。自我是一个复杂的心理现象，只有人类具有自我意识和自我评价，并能提出“我是谁”这样的问题。心理学研究发现，高自尊的人即热爱自己的人，比低自尊的人更加幸福。

积极的自我不仅体现在“我是有价值的”这一判断上，还表现在“我是有能力的”这一评价上，后者在心理学上也叫自我效能感。自我效能感是指人们对自己有效地组织某一特殊任务的主观评价。自我效能感主要来自自己的成功体验、个人的情绪状态、别人的忠告。

自尊和自我效能感使人树立合理的行动目标，积极完成目标，并在挫折中调整心态，坚持下去，不因失败而过于自责，失去自信。高自尊和自我效能感使人对世界、他人和自我充满信任。

在现实生活中，总是有人无视自己的优势，却对自己的劣势耿耿于怀，不能欣赏自己、爱惜自己，而是更多地表现出对自己的不满和愤怒，难以体会人生的快乐。一个人接受自己，才有可能理智地看待自己的优缺点，才有可能冷静地分析自己的得失，才有可能做到扬长避短、取长补短、更好地发挥自己的潜能。保持适度的自我期望水平，不断调整目标和行为，有利于提高个体的自我接受水平。

接纳自己需要勇气，也需要毅力。接纳自己是一个漫长而艰苦的过程，也是一个人长大、成熟的过程。这当然是一个痛苦的经历，因为人们会逐渐发现，自己不是那样完美，也不可能变成理想的自己；接纳自己的优点也接纳自己的缺点，直面自己的优点需要勇气，直面自己的缺点更需要坦诚，需要包容。

六、悦纳自我的策略

（一）自尊

什么是自尊呢？自尊通常被定义为对自我价值的感受，这是一种带着感情来评价自我的过程。关于这种自我评价，不同心理学家持有不同的观点。第一种观点认为，自尊是对自己是否可爱、是否有价值和是否有能力的总体、抽象的评价。第二种观点认为，自尊是指具体环境下的自我价值评价，如家庭、工作、学习等具体领域的自尊，不存在普遍的自尊。目前，同意第一种观点的人居多。人们更加同意，自尊是指一个高级的涉及自我价值评价的一般结构。

高自尊是指带着积极的感情来评价自己，认为自己所作所为基本达到了内心设立的标准。高自尊通常与父母无条件的爱和接纳有关，高自尊者在充满安全感的家庭中长大，得到父母的指引和关心，父母不仅懂得就问题与孩子进行讨论，还在道德方面也成为孩子的行为典范，使孩子内化了父母的权威，具有主动性。相比之下，低自尊的人的成长通常伴随着专制、冷漠、随意的家庭教养方式，父母对孩子要求过高或者要求不一致，经常拒绝或辱骂孩子，没有给孩子树立榜样。低自尊者不热爱自己，缺少稳定性，抗挫折能力差。

当人们陷入生活低谷的时候，有时会招致一些无端的蔑视；当人们处在为生存苦苦挣扎的关头，有时会遇到肆意践踏尊严的人。针锋相对的反抗是人们的本能，但往往会让那些道德缺失的人变本加厉。人们不如以理智去应对，以一种宽容的心态去展示并维护人们的尊严，那时你会发现，邪恶在正义面前都将无法站稳脚跟。

高自尊的人往往给自己定下难度中等、可实现的目标，工作与学习更加高效。他们热爱自己、不自卑，所以可以以人人平等的观念对待他人、尊重他人，同时他们具有较高的道德水平，有做人做事的原则。

（二）无条件接纳自我

善待自己、善待生命是生命的基本要求，但在部分人身上反而变成一种不易的品质，这是为什么？

人性原本就是自信和接纳自己的吗？不是！这些美好的品质是大多数人具有的，对于少数人而言，这些可贵的品质可能是一生的追求。人生来就容易焦虑不安。正如美国心理学家艾利斯所说："一个人经常不由自主地怀有一些自我否定的想法和感觉，产生一些自我否定的行动。这样做非常容易，根本没困难。"

从现代认知治疗理论的角度来看，人的不安和自我否定不是来自客观环境的挫折，也不是不利环境，而是人的态度和认知。

部分人对自己的态度是较为苛刻的，总是挑剔自我，有限度地接纳自我，而不是根据自身的存在来接纳自我。

部分人为接纳自己设置了条件，只有当自己的行动取得了成功、赢得某些人的赞许和对社会做出贡献时，才会接纳自己。

一个人如果根据行为表现和实现个人目标而接纳自我，那么意味着只有当行动成功时，才能接纳自我；当达不到这些条件时，就会贬低自己。这样的话，从逻辑上说，贬低自己和否定自我几乎是不可避免的。

首先，在时间上人们不可能永远成功和如意。年轻时，人们尚精力充沛，朝气蓬勃，成功的概率大一些，可是随着年龄的增长，人的精力和体能就会下降，到生命的尽头，可能连一支笔都拿不起来。你能说这时生命毫无价值吗？

其次，人无完人，是人就会犯错误，而且经常在一些重要的事情上犯错误。行动的成功有时取决于别人的表现，有时取决于机遇，命运并不完全掌握在自己手中。

当设定的条件没有得到满足，你的自尊心会受到打击，你会觉得自己是一个一事无成的人。这样的想法和逻辑会给人造成什么样的影响呢？

你会将每一行为的后果人为地拔高，上升到关系人生自尊的高度，将每一件普通的事情都与自我肯定联系起来。当你过于认真和严肃时，无论什么事情都要保证成功，动不动就会提升到捍卫自己尊严的高度谈论问题。

当自我以抽象的自尊和评价方式卷入某一项活动中去时，这项活动就会变质，乐趣和自发就会消失，而焦虑和担忧则会出现。假定你做事之前的台词是“如果我成功了，就会赢得别人的赞许，我就是有面子的人，就是一个有用之人”；而相反的潜台词就会是“我如果在这个重要的任务上失败了，我就完了，我就是一个笨蛋，一个无用之人”。这也就是动机心理学所说的：越想成功，就越害怕失败，害怕失败不是因为恐惧，而是由于太想成功了。这种渴求成功与害怕失败之间的矛盾及其形成的张力，会令一个人将大量精力白白耗费在对付焦虑情绪上，而不是事情本身，会充满对成败、得失的担忧和焦虑，做事的过程将毫无乐趣可言。尤其是对把握性不大、成功率不高的事情，你会被害怕失败的焦虑情绪所淹没，这时，你不能够抓住机会，注意力不能集中于处理事情上而只关注自身利害得失，对利害得失的关注已经远远胜于对战胜困难的关注了——你成了一个效率较为低下的人，甚至一个痛苦的人。你越是追求成败，与你的这个目标就越远；你越使劲，目标离你就越远。

（三）不要试图评价自我

如果你想更高效地做事情，如果你想保持好心情，最好不要试图评价自己。

自我反省和自我评价不是人类进步的动力吗？不是只有善于自我评价的人才能总结经验教训，发现自身的优点和缺点吗？曾子不是说“吾日三省吾身”吗？

经常反省自我和频繁的自我对话、自我指导恰恰是心理不健康者的特点。强迫症病人经常自言自语，他们好像一刻也不放松对自己的检查、反省和评价自己，思维总是十分活跃。而办事效率高的心理健康者，很少思考或者反思自我，很少有自我对话，他们总是能将精力放在解决外界事物的思考上，经常想的是如何克服困难、如何把事情处理好，而不是让自己心情好。

作为人类，人们无法确保对自己评价得正确与合理，周围的人也做不到。这是为什么呢？

首先，自我过于复杂，它是复合的，由无数个方面构成，是包罗万象的。人们的形形色色的思想、多种多样的感受、丰富多彩的想象和无穷无尽的行为，人们的躯体器官和外表，这些都指向自我。自我评价试图给这么复杂的事物做单一的评价、结论性的意见和盖棺论定的鉴定，是不太可能准确的，也是不太可行的。人们无法做到前后一致地评价自我，不能准确地评价自己的每个方面，只能局部或者就某个特点来评价自己。如果人们不试图在总体上评价自我，而是就事论事地评价自己的某一个缺点或某一行为失误，在一些情况下是有利于改进这些缺点和不足的，这能促使人在不进行自我责备的前提下，让自己某一行为接近所树立的标准。自我评价则容易令人产生自责，而不关注具体的缺点。

其次，人无完人。人容易犯错误，甚至容易犯严重的错误，而人们又大都爱苛求，所以一旦评价自己，一定是责备较多，而表扬较少。所以，一涉及自我评价，有时会沦为“批斗会”和“声讨会”。

再次，人生是不断变化的。时代在变，社会在变，环境在变，人的体验和价值观也在变，当一个人对自己进行价值评判时，一般是以固定的语言和结论式的鉴定方式，这不符合发展的观点。

最后，人生短暂，有许多重要的事情要做，有许多新的经验要体验，而自我评价太耗费精力和能量、太浪费时间，不如用这时间做些有益的事情。

七、悦纳自我的心理训练：理想的我与现实的我

（一）活动介绍

（1）活动目的：通过描述理想我与现实我，找到两者之间的差距，更好地立足现在、发展自我。

（2）活动材料：纸、笔。

（二）活动步骤

（1）准备一张纸，在纸的中间画一道线。现在请专心在左边写下你认为

在现实中你是个怎么样的人，怎么写都可以，你的性格、与同学老师的关系或者你的长相，你想到有关自己的一切都可以写上；然后在右边想象你理想中的自己是怎样的一个人。不要太着急，好好思考后再下笔。

（2）写好后认真对照，找到理想我与现实我之间的差距。

（3）认真思考理想我与现实我之间的差距，并提出实现理想我的方法。

（三）活动点评

本活动帮助个体了解自己的现状以及现实我与理想之间的差距，最终发现若要实现理想我，必须立足于现实，制订切实可行的发展计划。

第三章　积极情绪与积极关系

第一节　积极情绪的内涵与价值

一、情绪

情绪是指个体对自身需要和客观事物之间关系的短暂而强烈的反应，是一种主观感受、生理反应、认知的互动，并表达出特定的行为。情绪的构成包括三个层面：在认知层面上的主观体验、在生理层面上的生理唤醒、在表达层面上的外部行为。当情绪产生时，这三个层面共同活动，构成一个完整的情绪体验过程。

情绪的产生包括许多生理活动，如大脑皮质活动，皮质下中枢的活动，大脑皮质的调节和制约作用。情绪是复杂的心理现象。当人受到外界不同事件刺激时，由于个体差异，对各种事件会产生不同反应，这种反应就是情绪的外在表现。情绪与人的需要满足和（或）目的实现与否有直接的关系。就人类的情绪表现而言，古代人将情绪分为七种，即“喜、怒、忧、思、悲、恐、惊”，称为七情。当人的需要得到满足时，就会产生高兴、愉快的情绪，相反就会产生痛苦、悲伤的情绪。达尔文在观察不同文化、不同种族的人之后，认为喜、怒、哀、惧等基本情绪的面部表情，各种族间具有一致性。现代心理学一般认为快乐、愤怒、悲哀、恐惧四种情绪表现是人类情绪的基本形式。快乐是个人达到目标、解除紧张后的情绪体验，其程度取决于愿望满足的程度和结果出乎预料的程度；愤怒是个人目标不能实现或一再受挫而产生的情绪，其程度取决于目标受干扰的程度及违背愿望的程度，同时受个性的影响；恐惧是个人企图摆脱或逃避某种情境的力量，缺乏认识和经验；悲哀是个人在失去所盼望的、所追求的东西或有价值的东西时所产生的情绪，其程度取决于所失去的事物的价值，失去的事物价值越大，引起的悲哀就越强烈。一般把悲哀的程度分为遗憾、失望、难过、悲伤、悲痛。

在此基础上，每种情绪又会分化出其他情绪或与其他情绪结合形成的复合情绪，如嫉妒与厌恶、骄傲与羞耻、内疚和悔恨、爱与恨等。

二、积极情绪

积极情绪是对有机体起振奋作用，对人体的生命活动起到较好作用的一种情绪。它能为人们的神经系统增添新的力量，能充分发挥有机体的潜能，提高脑力和体力劳动的效率和耐久力。积极情绪往往由责任感、事业心、期望、奋斗目标、荣誉感等刺激而产生。因此，保持积极情绪的方法就是应尽快使自己具有责任感、荣誉感、事业心，有近期和长远的奋斗目标，并坚持不懈地为实现既定目标去拼搏和奋斗。研究表明，积极情绪可使血液中肾上腺素增加，而这种激素是动员有机体力量的原动力，从而使奋斗者更有力量去达到自己的目的。积极情绪是保持心理健康的重要条件与标志。

从分立情绪理论的观点来看，积极情绪包括快乐、满意、兴趣、自豪、感激和爱等。

兴趣是指当个体技能知觉与环境挑战知觉匹配时产生的愉悦与趋近感，当情境被评价为安全的、新颖的、改变的、神秘的以及一种困难感时就会引起兴趣；自豪是当目标成功实现或被他人评价为成功时产生的积极的体验。因此，积极情绪即正性情绪，是指个体由于体内外刺激、事件满足个体需要而产生的伴有愉悦感受的情绪。

本书将积极情绪总结为以下十种：

（一）喜悦

当人们感受到喜悦时，人们一般处于这样的情形：一切按照预定的方式发展，结果符合人们的期待，甚至比人们所期待的要更好。例如，和恋人约好去约会，提前5分钟到，却发现恋人已经等在那里冲你微笑；和好友一起享用了美味的饭菜，并如人们所想聊了许多有趣的事；等等。喜悦是一种轻快而明亮的感觉，当人们感到喜悦时，会觉得浑身轻松，甚至周围的事物看起来也更生动、顺眼，可能会想加入他人的谈话，对接下来的事跃跃欲试。

（二）感激

当人们意识到他人对自己的付出，人们会体验到感激。比如吃完饭后，伴侣主动承担了洗碗的工作；小摊老板往袋子里多放了一块肉；等等。有时人们感激的对象不一定是人，也可能是感受到某种事物带给人们益处。比如，健康的身体、幸运的际遇、爱着的人都还活着等。当人们赞赏人、事、物的可贵，感激就出现了。

感激会带给人们“想要付出回报”的冲动，人们会希望对帮助过自己的人做点好事，也可能想通过帮助他人来把自己受过的恩惠传递出去。感激和“亏欠”是不同的，“亏欠”会强迫人们，让人们觉得必须回报，否则就会不安、自责，而且处于亏欠中的人往往会选择吝惜的方式给予回报——精确地计算怎样的回报是“刚好”的；但感激让人们由衷、自发地给予赞赏和回馈。

（三）宁静

宁静是一种绵柔、低调、放松的喜悦，通常发生在感觉身处安全而美好的环境中。是在经过了漫长的一天，放下手中工作时长长叹了口气的感觉；是手里拿着书阅读，腿上还窝了一只猫时的感觉；是早上醒来，听见风拂过树叶发出响声，而被窝温暖又干燥时的感觉。弗雷德里克森把宁静称作夕阳余晖式的情绪，低调而绵长。宁静会让人们更加需要沉浸在当下，去品味当前的感受。

（四）兴趣

兴趣是人们在安全的环境中，被一些新颖的人、事、物吸引了注意力时感受到的情绪。人们会被兴趣牵引着，去探索、尝试，去消除神秘、了解更多。兴趣可能出现在人们回家的路上，当发现一家新开业的饭店，想尝尝它的味道；当阅读一本充满了新观点的书时，人们会兴趣大增，从而更好地接受新知识。

（五）希望

相比平淡的日常，往往在事情发展对人们不利或者存在不确定性时，人们更容易感受到希望。希望的核心是人们相信事情能好转、好事有可能发生的信念和愿望。即使找工作不顺利、考试失利、身体检查发现了异样，希望仍然让人们隐隐相信：不论现在如何，事情变好的可能性是存在的。

人类的大脑功能让人们拥有了看向未来的能力。但人们也会因此对尚未发生的灾难而焦虑。如果没有希望，人们就可能被对未来的恐惧和绝望淹没。因为相信未来是好的，人们才愿意继续生存下去。

（六）自豪

自豪是一种被价值感捆绑的自我内心的肯定，一般是积极有希望的情绪和情感反应。当你感觉到自己很有价值时，从里到外会产生一种勇于向前、不怕困难、善于工作的激情和快乐。

（七）逗趣

逗趣是一种有意识的积极情绪和情感体验，不仅自己拥有积极的状态，同时把这种积极的状态有机地分享给他人，其实在生活中就是一种幽默。逗趣是能量的一个激活点，给人快乐和愿意的感觉。

（八）激励

激励是一种挑战自我的自觉意识能量，能够调动人的积极性和提高工作效率，不断寻求挑战激励自己。首先，要提醒自己，不要躺倒在舒适区，舒适区只是避风港，不是安乐窝。舒适区只是你心中准备迎接下次挑战之前刻意放松自己和恢复元气的地方。其次，把握好情绪，人开心的时候，体内就会发生奇妙的变化，从而获得阵阵新的动力和力量，对调高目标、加大难度、超额完成任务有积极的推动作用。

（九）敬畏

敬畏是人类对待事物的一种态度。“敬”是严肃、认真的意思；“畏”指“慎，谨慎，不懈怠”。

敬畏是在面对权威、崇高或庄严事物时所产生的情绪，带有恐惧、尊敬及惊奇的感受，它是对待神圣事物的一种态度，敬畏自然、敬畏道德才是根本。

孔子说：“君子有三畏：畏天命，畏大人。畏圣人之言。”（《论语·季氏》）

朱熹说：“然敬有甚物，只如畏字相似，不是块然兀坐，耳无闻目无见，全不省事之谓，只收敛身心，整齐纯一，不恁地放纵，便是敬。”（《朱子语类》）

（十）爱

爱是一种包含喜欢在内的情绪情感，是高能级的心理能量。学生对老师的爱是学习成长较高级别的能量存储。爱做的事就不知疲倦，爱的人就忽略其问题的存在，所以说当爱发展到一定地步，人的价值观，甚至智商就会发生根本性的改变。所以，学会爱、把握爱很关键，要注意不要唯爱而不认识自己！

三、积极情绪的价值

（一）积极情绪促进认知

人对客观事物的认知，是从自我感知开始的。如果一个人没有自我感知活动，那么，就不可能产生认知。这种感知也是人类特有的认知形式。当事物作用于人的感觉器官时，人们会通过各种感觉器官，对事物的各种情节进行智能地统合与衔接，得出具有整体效应的综合信息。再经过人之记忆思维功能，将有关信息资料存储。当人们用自己的语言形式来诠释这一事物时，就会使用记忆库中所储备的信息资料。信息资料越全面，对事物的认知就越完整，诠释的内容就越丰富。

积极情绪能改变人们的思维。它能够改变思维的内容，在一定的条件下将坏想法变成好想法。大量研究表明，积极情绪能提高思维的灵活度。积极情绪通过创造一种愉悦的情景，从而激发了人认知的创造性。通常状况下，积极情绪会在对事物判断的敏感性上表现出来，人们在进行判断时，思维很灵活，大量的想法齐集脑海，并能在很短的时间内进行归纳和演绎。横向的和纵向的、新的和旧的、不同线性的，更加全面的信息有助于人们把情绪引入思维过程，成为具备灵活性的计划，这对形成个体动机有重要作用。

积极情绪能扩展认知的广度。根据积极情绪的拓展塑造理论和神经心理学理论，积极情绪会拓宽认知范围，提高认知灵活性。积极情绪如快乐、兴趣、满意等能扩展个体的瞬间思维活动序列。消极情绪一般会减少个体的瞬间思维活动序列，缩小个体的认知范围，让个体在当时的情境下只产生某些特定的行为，动员个体身体能量以应对特定环境的挑战。而积极情绪却能在一般条件下促使个体冲破一定的限制而产生更多的思想，能够扩大个体的注意范围，增强认知灵活性，能够更新和扩展个体的认知地图。

从心理学研究的角度看，积极情绪或称正性情绪，之所以比中性情绪、负性情绪更有利于促进思维和认知，主要表现在三个方面：第一，积极情绪为认知加工提供了额外的可利用的信息，增加了更多的可用于联结的认知成分；第二，积极情绪扩大了注意的范围，从而形成了更综合的认知背景，提高了相关问题的认知要素的广度；第三，积极情绪提高了认知灵活性，增加了认知联结的多样性。

信息获取、注意范围、思维灵活构成了积极情绪促进认知的三要素。具体而言，积极情绪对认知的促进作用是通过三个途径来实现的：一是积极情绪通常会采用更广范围的分类方式，通过分类为认知和思维打下基础；二是积极情绪扩展了注意范围和思维活动序列，使人的记忆功能得到增强以提取更多的积极材料；三是积极情绪提高了决策效率并增强了解决问题的能力，促使个体在解决问题时更加灵活完整、有效地进行思考和判断。

从进化论的角度讲，情绪是有机体在进化过程中由于适应环境而被赋予或设置的，尤其是消极情绪（负性情绪），是在应对具有生存威胁的环境时逐渐进化而来的。在进化的阶梯上，消极情绪与特定行动趋势密切联系，如愤怒生成攻击欲求、恐惧产生逃离欲求、厌恶引发驱逐欲求等。这种特定行动的趋势对于应对危险和生存挑战是必须和关键的。但一般研究认为，积极情绪并不伴随特定行动趋势，只伴有一般性激活，如高兴、愉快伴随无目的激活；兴趣与注意定向相联系，兴趣引起个体一种希望研究、探索或卷入的感受以及通过整合新的信息到自我中，获得对客体新的认识和吸收他人新的经验；而满意与放松的状态相联系。尽管积极情绪不伴随特定的行动趋势，不产生具体的行动，但它会产生一种一般的行动激活，即接近或趋近倾向。因此，积极情绪能够促进活动的连续性。在积极情绪引导下，个体会保持趋近和探索新颖事物的状态，保持与环境主动地联结。需要注意的是，积极情绪不仅具有一般的活动激活倾向，还与特定的行动倾向相联系，如快乐产生游戏、冲破限制、创新的愿望；兴趣产生探索、掌握新的信息和经验，并在这个过程中促进自我发展的愿望；满意产生保持现有的生活环境和把这些环境和自我以及社会的新观点融为一体的愿望；自豪产生想与他人分享成功和求得在将来取得更大成就的愿望；爱产生想再次与所爱的人一起游戏、探索的愿望。

（二）积极情绪会抑制消极情绪

积极情绪和消极情绪是在两个不同的轨道中运行的。同样的情景、同样的事件，持不同情绪的个体对信息的把控、注意力的角度、思维的灵活性、决策的效率、解决问题的能力等，都会有不同的影响，并产生不同的结果。从积极情绪对生理的影响看，积极情绪能让血压平稳，而消极情绪会让血压上升。拥有较多积极情绪的人，对自我的心境有很好的把控，就像 IBM 笔记本电脑中设计的一键恢复，当个体面对消极情绪时，通过一键恢复能迅速还原至初始状态。这种能力会使个体常常置身于更好的状态中，并妥善处理面临的新情况。结果表明，积极情绪能够让人乐观看待挫折和失败，给人们从困难中恢复的力量，使人们更加坚韧、坚强和不屈不挠。

艰难的情景会影响个体情绪，增添消极成分。如果带某种情景特点的环境短时间内难以改变，消极的成分就越积越多，在一定的条件下形成情绪惯性和思维惯性，使人们很难恢复积极的情绪和心态。这种情况下，更多的人会觉得被一种向下的力量牵引，无论你如何努力，似乎总逃不出消极怪圈。在无法逃开的物质情景下，积极的情绪和消极的情绪扮演的角色是不一样的：积极情绪能让人看到困难之后的光明，所谓道路曲折、前途光明，即是对这种情绪的反映；而消极情绪则让人感到无力穿越黑暗，难以重返高地。

积极情绪对消极情绪的抑制，事实上就是情绪的复原力。良好的感觉能消除不良情绪，让内心平静，使血压恢复到正常状态，把个体引入良性循环。由于积极情绪拓宽了视野范围，因此有助于促进社会的良性循环。随着良性循环为个体扫清了道路，个体的思维更开阔、心灵更开放，从而乐于与他所关爱的人建立联系，并且每一个联系都供应着自己的积极情绪，这些积极情绪进一步推动个体，把源自他人的积极情绪也作为自我情绪复原的重要源泉。

首先，积极情绪会撤销消极情绪体验和自主性生理反应。一般而言，消极情绪产生时会引发一些显著的生理变化，如生成特定的行动倾向，这将导致个体各种相关的生理唤醒处于一种高水平的激活状态，使得有机体动员生理能量以应对特定环境的挑战，这样就会使得有机体的体内生理活动水平暂时处于一种不平衡状态。积极情绪使心血管活动恢复到基线的速度明显加快，而消极情绪使心血管恢复速度减慢许多。积极情绪能够撤销消极情绪导致的各种心血管活动的激活状态，使其恢复到正常的基线水平，而消极情绪所造成的体内生理活动的不平衡状态也得以恢复。积极情绪产生在安全的环境中，一般不会像消极情绪那样产生具体的行动倾向，而是通过取消对具体行动的准备，有效地撤销生理唤醒，因而将此称为撤销假设。

其次，积极情绪的撤销效应还表现在对消极情绪所造成的狭小的思维活动序列予以撤销，使思维活动序列恢复到正常水平，从而缓解消极情绪造成的紧张。积极情绪水平高的个体表现出更灵活的、更具备建设性的应对方式，表现出更抽象的、更持续的思维水平。

（三）积极情绪增强了应对压力的能力

从心理学角度看，压力是心理压力源和心理压力反应共同构成的一种认知和行为体验过程。社会经济的飞速发展使人们的压力剧增。压力的来源也是多方面的，主要是工作、生活和性格三方面。对工作不满意、工作量多与工作要求高是造成工作压力的主要因素，尤其报酬所得与个人付出不成正比时，个人更容易觉得不公平，压力感也相对增加。不良人际关系也是导致工作压力的另一要素。生活中偶尔会发生一些重大变故，无论好坏都会构成压力。人们在日常生活中也常常面临一些困扰，如果这些困扰都在同一时间发生，那么对个体也会有很大的压力。此外，由于个体性格差异，在如何看待压力事件，以及个人如何应对和调节压力也存在一定的差异。

积极情绪者往往具有更高的心理弹性，更有活力，生活得更幸福。反过来，高心理弹性的个体在压力性任务前和任务中往往能产生更多的愉快、兴趣等积极情绪。心理学家认为，比其他人更容易产生积极情绪的人被称为弹性个体。弹性个体会从压力和消极情绪体验中迅速有效地恢复，并灵活地改变以适应环境，就像弹性金属那样伸缩、弯曲，但却不会损坏。积极情绪扩展了心理活动空间，扩展了个体的瞬间思维活动序列，从而提高了个体对各种事件的接受性以及体验积极情绪的机会性和可能性。积极情绪体验不仅促进了挑战的应对，缓解了消极情绪，还能通过反复进行增加个体的心理弹性，提高了社会关系的质量，增进了个体的主观幸福感。

积极情绪促进了以问题为中心的应对策略的运用，而以问题为中心的应对策略能够促进压力的有效解决，进一步提高积极情绪的水平，促进主观幸福感。以问题为中心就是个体在面对事物时，不被情绪性特点困扰，而是静心凝气，从研究一个个分散的问题开始，将各种有关的认知组织起来，并对问题的结构进行分析，以此寻找解决问题的不同情景方式。接下来，就是制订计划，围绕问题展开调查，进行研究，寻求解决方法。最后，展示结论和提升更改认识，即与一定的群体分享自己总结出来的新知识，并进行反思和评价。这些都是在实践生活中较为重要的发现。

（四）积极情绪的表达能够促进心理健康

从广义上讲，心理健康是指一种高效而满意的、持续的心理状态。从狭义上讲，心理健康是指人的基本心理活动的过程、内容完整、协调一致，即认识、情感、意志、行为、人格完整和协调，能适应社会，与社会保持同步。

心理健康的分析研究范围在不断扩大，人们不仅注重消极的负面心理研究，关注如何减少负面情绪，还关注正面情绪的增多，把幸福感、生活满意感列为心理健康的重要测量指标。尽管观点众多莫衷一是，但在某些方面还是达成了共识，即心理健康的指标包括智力正常、情绪稳定、人格健康等。

积极情绪可以使人的情绪高涨、思维活跃，对生活满意、乐观并感受到幸福。心理学家认为，善于控制情绪、保持良好的心情是心理健康的重要表现，而积极情绪对个体的心理健康有重要的影响。

对积极情绪和消极情绪的关系否定是推动积极心理学发展的动力。在消极情绪解除的同时，个体的积极情绪体验就会相对增加，两者是此消彼长、相互转化的关系。但后来情绪神经等科学研究发现，积极情绪和消极情绪是相互独立的，人的积极情绪不会因为消极情绪的减少而增加，消极情绪也不会因为积极情绪的减少而增加。以往的情绪研究总是认为消极情绪的解除就代表着积极情绪的产生，积极情绪只不过是消极情绪的附属物而已，但现在人们不能再简单地认为消除消极情绪就等于实现了情绪健康，而是使两者相结合，即一方面要解除消极情绪体验，另一方面要培养积极情绪体验，从而消解由消极情绪造成的心理紧张，使人的机体保持健康活力。

第二节　积极情绪的建构理论及其功能

关于积极情绪的理论研究，目前影响力较大的理论当属拓展－建构理论。

拓展－建构理论指出 10 种积极情绪有利于拓展人的思维水平和行动效率，有利于建构新的心理资源和社会资源，从而提升幸福感。积极情绪的拓展－建构理论可以用图 3-1 表示。

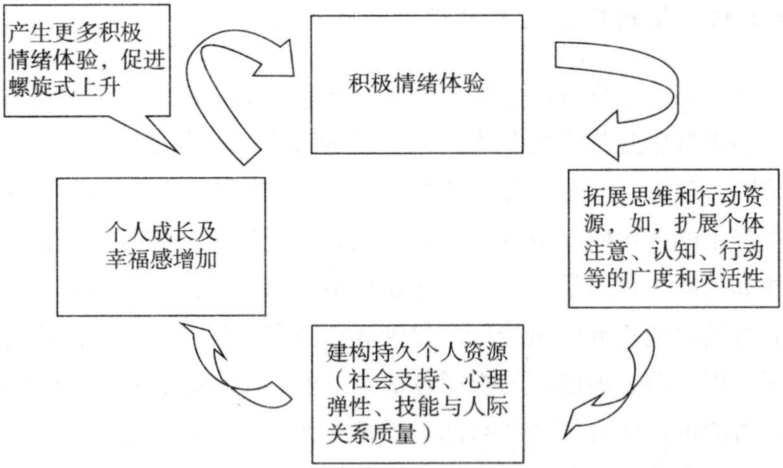

图 3-1　积极情绪的拓展－建构理论

拓展 – 建构理论解释了积极情绪的进化适应价值，呈现了积极情绪促进个体向上发展的作用机制。其中，拓展功能和构建功能是模型的核心部分。

一、拓展功能

积极情绪能拓展个体即时的思维——行动范畴，包括拓展个体注意、认知、行动等的范围。心理学家认为积极情绪和消极情绪都具有进化适应的意义。消极情绪能使个体在威胁情境中获益：当个体感到生命受威胁时，消极情绪会使个体产生一种特定行动的趋向（如体验到恐惧时，流经肌肉群的血液增加，为逃跑做好准备），并窄化个体的思维行动资源，使个体更加专注于即时的境况，迅速做出决定并采取行动，求得生存。而积极情绪具有不同的适应价值：当个体在无威胁的情境中体验到积极情绪时，会产生一种非特定行动的趋向，个体会变得更加专注并且开放，在这种状态下，产生尝试新方法、发展新的解决问题策略、采取独创性努力的冲动。积极情绪通过促使个体积极地思考诸多行动的可能性，扩大个体的注意、认知、行动的范围。

二、建构功能

积极情绪能构建个体持久的资源。消极情绪通过窄化个体的认知行动范畴使个体在战斗—逃跑的情境中获益，其收益是直接的、瞬时的；而积极情绪却能给个体带来间接的、长远的收益，它能够帮助个体建构持久的身体、智力、心理和社会资源，这种建构的功能是在“拓展”的基础上实现的。思维—行动范畴的拓展，提供了建设可持续的个人资源的机会。已构建个体资源可以长期储存，以供日后的提取，从而改善个体在将来的应对境况和提高个体存活的机会。

三、缓释功能

缓释功能由拓展功能衍生而来。由于积极情绪能拓展个体即时的思维—行动范畴，因此也可以消解消极情绪的滞存影响，这种消解功能也可以看成积极情绪对消极情绪的纠正、修复和缓释效应。借助拓展个体即时的思维—行动范畴的作用，通过缓释和解除进行特定行动（如逃跑）的准备，解脱了消极情绪引起的在个体躯体和精神上的束缚。积极情绪的缓释功能主要体现在两个方面。一是在消极情绪唤醒作用后，能通过修复使自主神经平静。诸如愤怒、恐惧、焦虑等消极情绪能唤醒个体的自主神经系统，导致心跳加快、心血管扩张、血压升高，而积极情绪可以起缓释作用，使躯体平静。二是积极情绪可以在消极情绪体验后修复灵敏的思维。积极情绪可以放松消极情绪对个体思维的控制，促进个体探求思维和行动的新路径。

积极情绪同思维拓展、资源建构的关系并不是单向的，它们是相互影响、相互引发的。早期的积极情绪体验拓宽了个体的注意和认知，这有利于个体对逆境的应对和资源的建构，而良好的应对又预示着未来积极情绪的产生。这是一个循环的过程，对个体发展而言，是螺旋式上升的。通过不断的螺旋式上升，个体的心理幸福感不断提升，并实现个人的成长。

第三节　情绪的管理

一、情绪管理的含义

情绪管理是对情绪进行控制和调节的过程，即通过一定的策略，使情绪在生理活动、主观体验和表情行为等方面发生一定变化，以建立和维护良好的情绪状态。有效的情绪管理是对强烈感受和过高生理唤醒情绪的削弱、掩盖过程，也是对较低强度情绪的维持和增强过程，使个体大部分时间能保持良好心境。

二、情绪管理的意义

第一，有效的情绪管理是健康的“护航者”。它使人们较少体验消极情绪，保持良好心境，情绪的波动幅度不大；促使情绪的生理唤醒处于适度水平，保证内分泌平衡，全身各系统、器官的功能运作协调，有利于身心健康。

第二，有效的情绪管理是智力活动的“激发器”。轻松愉悦的心情能提高认知水平和脑细胞兴奋水平，大脑处于最佳活动状态，促使认知、思维过程中的信息得到积极加工；思路开阔，容易出现灵感；智力活动效率提高，促进学习和工作。

第三，有效的情绪管理是良好人际关系的“润滑剂”。它促使人们保持乐观的生活态度，给别人积极向上、宽宏大度的感觉，为人际交往拓宽道路，因为没有人愿意和终日愁眉苦脸或乱发脾气的人打交道。

第四，有效的情绪管理是良好性格的“塑造者”。在管理情绪过程中，人们学会了宽以待人，不苛求别人，也不难为自己，适时妥协。这有助于培养乐观向上、积极进取、百折不挠的品质。对自己情绪的管理和对他人情绪的理解有助于培养真诚友好、宽厚大度、善解人意的性格。

情绪没有对错之分，但有积极和消极之分。积极情绪是一种精力充沛、积极向上的状态，起着协调、组织作用；而消极情绪是一种负性的心理体验，包括各种令人生厌的状态，起着破坏、瓦解作用。所以，人们要学会管理情绪、做情绪的主人。

三、情绪管理的方法

（一）合理宣泄

将不愉快情绪表达出来，就是宣泄。情绪不好时，有的人会选择大哭一场，有的会大喊几声或引吭高歌，有的会进行剧烈的运动，也有人拿物品出气。个体进行情绪宣泄的方法有很多，基本表现为向内和向外两种形式。向内宣泄指的是那些喜欢把心事闷在心里的人，往往借抽烟、喝酒、拒食、蒙头大睡、生闷气等来麻醉自己，甚至有的会走向自杀的不归路，而情绪宣泄对象往往是他们自己。向外宣泄指的是通过他人或物品发泄自己的情绪，表现出很强的攻击性，如迁怒于人、责骂他人、摔打东西、游戏、运动、唱歌，或找他人诉说、记日记、画画等，他们通常向自己以外的对象宣泄消极情绪。

因此，宣泄必须合理、有度，以不伤害别人为前提。比如，大学生可以选择一种比较平和、有效的情绪宣泄方式——倾诉。愤怒、伤心、担忧、紧张时，大学生可以找个人说说自己的心里话，把内心的痛苦和忧愁宣泄出来。这个倾诉对象可以是父母、老师、同学或好友，可以是专业心理咨询师或心理辅导老师，也可以是日记本和画纸。

宣泄过后，有人觉得心情好多了，有人觉得问题仍存在，心情并没有改变多少。为什么会有如此迥异的结果呢？这是因为只有当宣泄能够配合个体的认知和顿悟时，所产生的效果才可能是比较好的。因此，无论是向内还是向外的宣泄方式，都必须合理地处理引发情绪的刺激源才能产生效果，单纯摔打东西、大哭、大喊、激烈运动对降低个体消极情绪的作用并不大。

（二）转移目标

一旦陷入忧郁、焦虑等不良情绪而不能自拔时，你就要改变一下自己的注意目标，抑制引起消极情绪的兴奋点，从而及时激发积极情绪。这些方法包括观看影视节目、玩电子游戏等娱乐活动，打球、游泳、跑步等体育运动，以及逛街、旅游、阅读等休闲活动。这些活动可以暂时控制消极情绪的发展态势，有利于个体的情绪恢复平静，而且运动本身和肌肉放松等方式有类似的效果，可以使身体恢复到正常状态。同时，在这样一种情绪转化的过程中可以不断理清思绪，个体可以比较客观地觉察自己的失态或失误之处。

（三）身心松弛

这种方法的目的在于帮助大学生学会放松，使情绪处于一个平和、舒适的状态。它利用生理与心理的交互影响，使生理与心理达到松弛的效果。

（1）深呼吸。选择一个合适的姿势，坐在椅子上或站着都可以，只要觉得舒服就行了。缓慢而柔和地做深呼吸，当空气吸入时，腹部隆起，停顿一下然后慢慢呼气，将腹中的空气自然呼出，如此练习几次，有助于放松心情。

（2）肌肉放松术。开始你若不知如何放松，可以将紧张与放松进行比较，交替进行。按照双手—两臂—双肩—头部—颈部—前胸—小腹—后背—腿腰的顺序，逐步放松。每一部位的放松，都要按照先紧张再松弛的办法进行，同时要进行一些语言暗示，比如放松双手时，可以这样给自己暗示："握紧拳头，让你手部的肌肉感到紧张，就这样保持几秒钟，（5 秒后）慢慢地松开你的拳头，使你的双手自然地舒展开。"

（3）心理放松想象训练。研究证明，心理放松想象训练能有效减轻压力，如设想自己在洗热水澡、在草地上漫步、踩着鹅卵石在没膝的溪水中探行、躺在海滩上让潮水一遍一遍地冲刷。这种想象能让你产生一些美好的“意象”，更有利于精神的放松。通过放松练习，可以消除紧张，降低兴奋度，使人的波动情绪逐渐稳定下来。

（四）认知调节法

人的情绪不是由某一诱发性事件所引起，而是由经历了这一事件的人对这一事件的解释和评价所引起的。这就成了 ABC 理论的基本观点。该理论可以简单地表示为 A → B → C，在这里 A（activating event）代表诱发性事件；B（beliefs）指个体在遇到诱发事件之后相应而生的信念，即个体对这一事件的看法、解释和评价；C（consequences）指特定情境下，个体的情绪及行为的结果。通常人们会认为，人的情绪及行为反应是直接由诱发性事件 A 引起的，即 A 引起了 C。ABC 理论则指出，诱发性事件 A 只是引起情绪及行为反应的间接原因，而人们对诱发性事件所持的信念、看法、解释 B 才是引起人的情绪及行为反应的直接原因。

两个学生一起走在校园里，迎面碰到他们的老师，并向老师问好，但老师没有回应他们，径直走过去了。其中一个学生是这样想的：“他可能正在想别的事情，没有注意到我们跟他打招呼。即使是看到我们而没理睬，也可能有什么特殊的原因。”而另一个学生却可能有不同的想法：“是不是上次顶撞了他一句，他就故意不理我了，下一步可能就要故意刁难了。”

两种不同的想法，就会导致两种不同的情绪和行为反应。前者可能觉得无所谓，该干什么继续干什么；而后者可能忧心忡忡，以致无法冷静下来干好自己的事情。从这个简单的例子中可以看出，人的情绪及行为反应与人们对事物的想法、看法有直接关系。在这些想法和看法背后，有着人们对一类事物的共同看法，这就是信念。这两个人的信念，前者在合理情绪疗法中被称为合理的信念，而后者则被称为不合理的信念。合理的信念会引起人们对事物适当、适度的情绪和行为反应；而不合理的信念则相反，往往会导致不适当的情绪和行为反应。当人们坚持某些不合理的信念、长期处于不良的情绪状态之中时，最终将导致情绪障碍的产生。

不合理的信念有三个基本特征，具体如下。

（1）绝对化要求。这是指人们以自己的意愿为出发点，对某一事物怀有着认为其必定会发生或不会发生的信念，它通常与“必须”“应该”这类字眼连在一起。比如，“我必须获得成功”“事情就应该这样发展”“生活应该是很容易的”。

（2）过分概括化。这是一种以偏概全的不合理思维方式的表现。一方面，过分概括化是人们对自身不合理的评价。例如，当经历失败时，个体往往会认为自己“一文不值”“一无是处”等。以自己做的某一件事或某几件事的结果来评价自己作为人的价值，其结果常常会导致个体自罪自责、自卑自弃的心理及焦虑、抑郁情绪的产生。另一方面，对他人的不合理评价，即他人稍有差错就认为他一无是处，这会导致个体一味地责备他人，以致产生敌意和愤怒等情绪。

（3）糟糕至极。这是一种个体认为如果一件不好的事的发生，将是可怕、糟糕，甚至是一场灾难的想法。当一个人沿着这条思路想下去，认为遇到了百分之百糟糕的事或比百分之百还糟糕的事情时，那就是把自己引向了极端、负性的不良情绪状态之中。

在人们不合理的信念中，往往可以找到上述三种特征。每个人都会或多或少地具有不合理的思维与信念，而那些严重情绪障碍的人，不合理思维的倾向尤为明显。情绪障碍一旦形成，往往是难以自拔的，此时就急需进行治疗。

从合理情绪疗法的角度来看，人们的情绪障碍由人们的不合理信念造成，因此这种疗法就是要以理性治疗非理性，帮助求治者以合理的思维方式代替不合理的思维方式，以合理的信念代替不合理的信念，从而最大限度地减少不合理的信念给他们的情绪带来的不良影响。该疗法是以改变认知为主的治疗方式，帮助求助者减少或消除他们已有的情绪障碍。

第四节　人际关系与和谐人际关系

一、人际关系的组成因素

（一）认知因素

认知是人际关系的前提条件，是在人与人的交往过程中，通过彼此感知、识别、理解而建立的关系。如果彼此不认识，就不可能建立人际关系。认知包括个体对自己与他人、他人与自己关系的了解与把握，它使个体在交往中能够更好地、有针对性地调节与他人的关系。

（二）情感因素

情感是人际关系的主要调节因素，人际关系以彼此满意或不满意、喜爱或厌恶等为特征。只有对满足需要的事物才能产生积极的情绪体验，而对阻碍需要满足的事物则产生消极的情绪体验。

（三）行为因素

行为是人际关系的交往手段，在人际关系中，不论是认知因素还是情感因素，都要通过行为表现出来。行为是指言语、举止、作风、表情、手势等表现个性的外部动作，它是建立和发展人际关系的交往手段。

二、人际关系的发展

人际关系的发展有三个阶段：①单向注意阶段，双方没有互动；②表面接触阶段，双方有初步、浅层的互动，但是还没有相互“卷入”，也就是说没有走进彼此的私人领域，一般的泛泛之交就停留在这一阶段；③相互“卷入”阶段，双方向对方开放自我，分享信息和感情，这是友谊发展的阶段。

人际交往主要有两个维度：一是交往的广度，即交往或交换的范围；二是交往的深度，即交往的亲密水平。关系发展的过程由较窄范围内的表层交往向较广范围的密切交往发展。人们根据对交换成本和回报的计算来决定是否增加对关系的投入。良好人际关系的发展一般经过四个阶段：定向阶段、情感探索阶段、情感交流阶段、稳定交往阶段。

（一）定向阶段

在人际交往中，人们对交往的对象具有很高的选择性。进入一个交往场合时，人们往往会选择性地注意某些人，而对另外一些人视而不见或者只是礼貌性地打个招呼。对于注意到的对象，人们会进行初步的沟通，谈谈无关紧要的话题，这些活动就是定向阶段的任务。在这个阶段，人们只有表层的自我表露，如谈谈自己的职业、工作、对最近发生的新闻事件的看法。

（二）情感探索阶段

如果在定向阶段双方有好感，产生了继续交往的兴趣，那么就可能有进一步的自我表露，如工作中的体验、感受，并开始探索在哪些方面双方可以进行更深的交往。这时，双方有一定程度的情感卷入，但是还不会涉及私密性的领域。双方的交往还会受到角色规范、社会礼仪等方面的制约，比较正式。

（三）情感交流阶段

如果在情感探索阶段双方能够谈得来，建立了基本的信任感，就可能发展到情感交流阶段，彼此有比较深的情感卷入，谈论一些相对私人的问题，如相互诉说工作、生活中的烦恼，讨论家庭的情况。这时，双方的关系已经超越了正式规范的限制，比较放松，比较自由自在，如果有不同意见也能够坦率相告，没有多少拘束。

（四）稳定交往阶段

情感交流如果能够在一段时间内顺利进行，人们就有可能进入更加密切的阶段，双方成为亲密朋友，可以分享各自的生活空间、情感、财物等，自我表露更深、更广，相互关心也更多。一般来说，能够达到这种境界的关系相当少，这也就是人们常说的“人生难得一知己，千古知音最难觅”。

三、和谐人际关系概述

（一）和谐人际关系的特点

1. 社会性

人际关系的本质在于它的社会性，因为人的本质是社会人，人际关系也总是在社会中得以建立和发展，任何人际关系都会打上社会的烙印。人际关系是通过，也只有通过个体与个体之间的联系来实现。而这种联系必须是友善的、和谐的，反之，敌对的联系有害社会交往和人际互动。

2. 复杂性

由于个体与个体之间不尽相同，人际关系也就表现为千差万别、错综复杂。人并不是简单的单面性的。每个人都有各自的特点，有一系列竞争的欲望，有众多的经历，还有各不相同的抱负。当人们同他人建立关系时，自己的多面性同其他人的多面性相互影响和作用。人际主体的多面性造成人际关系的复杂性。人际角色的多面性、人际向量（人际交往的频率和层次、交往需求的质和量）的多面性也增添了人际关系的复杂性。人际关系的复杂性决定了和谐人际关系并不简单。

3. 心理主导性

和谐的人际关系是以个体心理为主导的，不仅以关系主体的心理需要为前提，还以彼此是否获得心理满足的主观感受为尺度。于树元认为，如果主体双方或某一方没有结成关系的心理需要，也就不可能形成某种人际关系；虽然双方都有结成关系的需要，但双方或某一方的心理感受不同，从而结成不同的人际关系；如果双方都能强烈地感受到心理满足，就会结成亲密和谐的人际关系；如果双方或某一方感受不到心理满足，人际关系就会疏远，甚至会发生冲突和对抗。个体心理倾向主要包括认知、情感和行为三个方面，其中情感在人际交往中起着较为突出的作用。主体之间相互喜爱的程度不仅决定人际交往的选择、交往的频率，更决定人际关系的质量，所谓情投意合就是如此。所以，心理相通是构建和谐人际关系的桥梁，要想建立和谐人际关系就必须给予对方更多的爱。

4. 互惠性

互惠是和谐人际关系的基础，人际关系的和谐程度，常取决于交往双方需要满足的程度。倘若彼此交流互动结果，使双方的需要得到满足，则彼此间的关系必然向和谐、亲密更进了一步；反之，双方的关系势必会向不合、疏离甚至对立方向退步。例如，关系和谐、亲密会使双方感到愉悦，如果双方关系不和谐或疏远，会使双方感到不快、陌生或敌对。

（二）建立和谐人际关系的重要性

1. 和谐人际关系是社会和谐的基石

人是社会的主体，人是一切社会关系的总和。社会和谐主要包括人与人之间的和谐、人与社会的和谐、人与自然的和谐，其中人与人之间的和谐即和谐人际关系是最基本的和谐。人与自然的和谐要通过人与人的和谐来实现。社会和谐需要良好的人际关系，良好的人际关系是社会和谐坚实的基础。所以，和谐人际关系是构建和谐社会的基石。和谐人际关系是社会和谐的基础，至少可以从以下三个方面得到有力说明：

（1）和谐人际关系决定社会和谐的稳定状态。和谐人际关系不仅决定社会和谐的性质和质量，还决定社会和谐的稳定状态。和谐人际关系在社会和谐中起着核心作用，这是由人际关系的社会地位决定的。在人类所遇到的矛盾中，其实不过两大类，即人与自然的矛盾和人与人之间的矛盾，而这两大矛盾的解决都要依赖于人与人之间和谐共处、共同奋斗的结果。也就是说，没有人与人之间的和谐，就无所谓社会的和谐。所以，和谐人际关系是社会和谐的基础。

（2）和谐人际关系体现社会和谐的价值追求。就后者而言，和谐人际关系的价值尺度是人与人之间相互平等、相互尊重，这也是建立和谐社会的基本前提。

（3）和谐人际关系推进社会和谐的文明程度。人类社会发展的过程是一个不断走向文明的历史过程。人类社会文明包括物质文明和精神文明两个方面，物质文明反映的是人与自然的关系，精神文明反映的是人与人之间的关系，两者缺一不可。可以说，社会文明的每一个方面都与和谐人际关系相关联。因此，和谐人际关系推进社会和谐的文明程度。

2. 和谐人际关系是积极心理健康教育的需要和标志

（1）和谐人际关系有利于身心健康。和谐的人际关系可以体验到人与人之间的温暖，缓解心理压力，促进心理健康。比如，一个人的人际关系和谐，朋友就多，朋友之间相互关心、相互爱护、相互帮助、分享快乐、分担痛苦，许多心理问题就可以得到预防和有效调节，反之，人际关系不和谐，缺少知心朋友，许多问题压在自己心中，容易产生心理障碍。

人际关系自我评价不满意的教师容易出现强迫、抑郁、偏执、人际关系敏感、躯体化、敌对等问题。可见，人际关系不良易导致教师出现心理健康问题，对教师进行心理健康维护时，应注重人际沟通技巧的培养。

（2）和谐人际关系有利于增强主观幸福感。和谐人际关系对主观幸福感的体验有着重要的影响。尤其是在人际交友、交谈方面处理得较好的人，会有较高的积极情感体验，较低的消极情感体验，有较高的生活满意度，进而有较高的主观幸福感。比如，张灵等人以大学生为对象研究了人际关系困扰与主观幸福感的关系，结果表明，生活满意度和人际关系困扰各维度均呈显著负相关，积极情感和人际交谈困扰、交友困扰、待人接物困扰呈显著负相关，消极情感和人际关系困扰各维度均呈显著正相关。

3. 建立和谐人际关系比克服人际交往障碍更有积极意义

（1）人际关系是人健康成长的基本条件。正如弗洛伊德所言，人伴随分娩而产生的基本焦虑，只有依靠他人才能得到缓解，在他人的轻轻拍打、安抚下，他得到了拯救。而马斯洛也认为，人人都具有这样一种基本需要：他需要归属于一定的社会团体，他需要得到他人的爱与尊重，这些社会需要是与吃饭穿衣等生理需要同等重要的缺失性需要，它非得被满足不可，否则，将使主体丧失安全感，进而影响心理健康。

（2）和谐人际关系是人生存和发展的重要资源。社会中的每个人都处于不同的人际关系网络中，每个人的生存和发展都离不开人与人之间的友好亲善，相互理解、互帮互助。离开他人的人很难生存，更谈不上发展。所以，和谐人际关系是人生存和发展的重要社会资源。

（3）克服人际交往障碍不等于拥有了和谐人际关系。一般认为，人际交往障碍的心理原因主要有如下几种：①恐惧心理；②孤僻心理；③自傲心理；④嫉妒心理；⑤猜疑心理；⑥敌意心理。即便克服了上述问题，消除了人际交往的障碍，也才具备了和谐人际关系的基础，并不等于已经建立了和谐人际关系。因为和谐人际关系需要付出另外的努力。

（三）建立和谐人际关系的原则

1. 相互原则

从心理学上讲，每个人都是天生的自我中心者，个体都希望别人能承认自己的价值，支持自己、接纳自己、喜欢自己。由于这种寻求自我价值确立和情绪安全感的倾向，在社会交往中，更重视自己的自我表现，吸引别人的注意，希望别人能接纳自己、喜欢自己。人际关系的基础是人与人之间的相互重视、相互支持，对于真心接纳自己、喜欢自己的人，人们也更愿意接纳对方，愿意同他们交往，并建立和维持关系。

人都有保护自己心理平衡的稳定倾向，要求自身同他人的关系保持某种适当性、合理性，并依此对自己与他人的行为给予解释。这样，当别人对自己表示友好、接纳和支持时，人们也感到应该对别人报以相应的友好，这种“应该”的意识会使人们产生一种心理压力——接纳别人，否则自己的行为就会不合理。与此同时，如果人们友好的行动被别人接纳后，自己也希望别人做出相应的回答；如果别人的行动偏离了自己的期望，人们会认为别人不通情理，从而产生一种不愉快的情绪体验，产生心理排斥。同样，对于排斥与拒绝自己的人，人们很可能报之以排斥与否定，否则难以达到心理平衡。可见，我国古人所讲的“爱人者，人恒爱之”“己所不欲，勿施于人”是有心理学基础的。

2. 功利（互惠）原则

人与人之间的交往本质上是一个社会交换过程，人们希望交换对自己来说是值得的，希望在交换过程中得至少等于失，不值得的交换是没有理由去实施的，所以人们的交往行动及人际关系的建立与维持都是根据一定的价值观进行选择的结果。对于那些对自己来说值得的，或得大于失的人际关系，人们倾向于建立和保持；对自己来说不值得，或失大于得的人际关系，人们就倾向于逃避、疏远或终止。

由于人们的价值观不同，人际交往中也存在着不同的社会交换机制。对重内在情感价值的人而言，他们在人际交往中个人情感卷入较多，因而有明显的重情谊、轻物质的倾向，与别人的交换倾向于“增值交换”。他们在人际交往中感到欠别人的情分，因此在回报时，往往也超出别人的期望，这种过程的循环往复，就使得双方都感到得大于失，关系就会越来越好。与此同时，对于重利轻友的人而言，他们在人际交往中个人的情感卷入较少，倾向于用物质来衡量自己的得失，经常感到付出的多回报的少。所以，与别人的交换倾向于“减值交换”，当感到“利少”时，关系就会渐行渐远。

3. 自我价值保护原则

自我价值保护原则是指人为了保持自我价值的确立，心理活动的各个方面都有一种防止自我价值遭到否定的自我支持倾向。

自我价值保护是个体对自身价值的意识与评价。自我价值保护是一种自我支持的心理倾向，其目的是防止自我价值受到贬低和否定。由于自我价值是通过他人的评价而确立的，个人对他人的评价较为敏感。对肯定自我价值的人，个体对其认同和接纳；而对否定自我价值的人则予以疏离，与这种人交往时，可能激活个体的自我价值保护动机。

4. 适时适度原则

交往的时间要适度。在人的社会性需要中，除了交往、友谊，还有工作、劳动、学习等内容。交往的程度要适度。有的人在交往中，关系好时形影不离，不分你我；一朝不和，即互相攻击，这对双方的心理健康是不利的。正常的人际交往，应该疏密有度，把握一定的“度”，才能建立健康良好的人际关系。

（四）建立和谐人际关系的技巧

1. 赞美别人——真诚、恰当、不吝啬

大家通常都有这样的体验，当看到一脸冰霜与满面春风，心里感觉截然不同。对于学生来说，也许都有这样的体会，自己热爱且成绩好的科目，总是与赏识、鼓励你的老师息息相关。当学生做一件没把握、不擅长的事情时，总是希望得到师长的赞许或肯定及建设性的意见。与自己关系密切的人，一般是理解、欣赏、敬佩自己的人。将心比心，如果你渴望得到别人的赞许与鼓励，有什么理由不投桃报李，回馈他人呢？适时、得体、恰当地赞美别人是一种能力。

第一，要能选准角度、恰如其分。假如你要赞美一位女同学，而她相貌平平，与其说她如何美丽，不如肯定她善良的心地、温柔的性情。

第二，要具体实在。你赞美同学时，笼统地说“你令人佩服”，不如说“你真不简单，刚才那番话很有震撼力”。

第三，赞美要真诚，言不由衷地吹捧奉承，只会让人反感。

第四，要讲究艺术。有时心怀善意不经意讲错话，就会惹恼别人。例如，某男生同时赞美两位女生，对其中一位女生说：“你虽然没有她漂亮（冒犯了女生甲），但你的亲和力比她强（又触犯了女生乙）。”可见这个男生的确不会讲话。如果此时此地一定要赞美的话，应该说：“你们两个都很漂亮，一个是古典美，一个是现代美”，或者“一个亲和力很强，一个是热心肠”。这样，赞美别人的良好主观愿望，才能产生正面的效果。

2. 传递和善的信息——展现微笑

不善于语言表达，不擅长赞美别人，就会影响正常的人际交往吗？答案是否定的。在与同学的交往中，真诚的微笑也会给人留下美好而深刻的印象。美国密歇根大学的心理学家詹姆士·麦克奈尔说：“有笑容的人，从事管理、教学、经商等职业时，获得成功的机会更多”。当然，这种笑容是发自内心的，是真诚的，给人以温馨、友善的感觉。

3. 传递重视别人的信息——记住对方的名字

对一个接触并不多的人，再次见面时说出他的名字，是很自然得体的赞许。相反，如果把他的名字忘记了，你就会处于尴尬的境地。人们也许有这样的体验，自己的名字尤其是事隔多年还能被人记得，这说明你在他心目中是重要的，由此，你获得了一种成就感和亲切感。将心比心，别人也是如此。记不住与你有关的人的名字，是一种失礼，客观上给对方传递一种被轻视的信息，对方与你交往的热情自然要下降。如果你想提高自己的亲和力，请你学会记住别人的名字，尤其是睽违已久的老师、同学、朋友。

4. 留出适度空间——保持适当的交往距离

现代社会，每个人尤其是文化素养高的人，都需要有私人领域。在人际交往中，为别人留出足够的心理舒适度空间，是文明和尊重的体现，是较为必要的。以往形容关系密切，都喜欢用“亲密无间”这个词。但现实和经验告诉人们，朋友真的到了亲密无间的程度，往往会适得其反。朋友之间保持一定的距离，是正常交往、维系友谊的必备条件，越来越被大家所认同和接受。不同程度的朋友其距离的大小也不同。这里所说的距离，主要指的是应有礼貌和尊敬。有些人一旦与人混熟了，就会丢掉分寸感，进入所谓不分彼此的境界，势必会挤压别人的心理舒适度空间，忽视一些看似细节实际上是很重要的问题，产生误解、摩擦甚至是冲突。

5. 跳出思维窠臼——切忌以自己之心，度他人之腹

这是指把自己的情感、意志等特征投射到他人身上，以为他人也如此。对自己喜欢的人越看越喜欢，越看优点越多，对自己不喜欢的人越看越讨厌，越看缺点越多，因而表现出过度地赞扬和美化自己所喜欢者，过分指责甚至中伤自己所厌恶者。自己对某人有看法，就认为对方在跟自己过不去，结果往往对他人的情感、意向做出错误评价，造成人际交往障碍。高职大学生在人际交往中应注意避免劣性投射倾向，要正确理解别人。对别人的行为，不要轻率下结论，应多观察、多了解、多分析，任何时候都不要完全站在自己的立场上想问题，这样才能有效避免人际交往中的矛盾。

6. 宽以待人——大事把住，小事淡定

与人交往，自己必须要有定见，并且尽可能让人知晓理解。例如，你不爱喝酒，别人就不会与你豪饮，但如果你跟这个喝，不跟那个喝，就会让别人觉得你不给他面子。人无完人，不能根据自己的兴趣和爱好对他人过于苛求。要求自己的朋友没有缺点，就可能没有朋友。固执地追求完美的人，就会失去朋友，失去友谊、从而失去自我。因而，在交往中，要将心比心，善于谅解他人、宽容他人。与人交往，如果工于心计，就很难交到知心的朋友。大事要把住，小事要淡定。如果小事处处精明，则大事往往把握不住。

第四章　积极体验与积极的爱

第一节　积极体验的内涵、意义

一、积极体验的内涵

情绪与情感是人对客观事物是否满足自己的需要而产生的态度体验及相应的行为反应，包括主观体验、生理唤醒和外部表现，其中，“体验”被认为是情绪和情感的基本特征，与情绪与情感的关系较为密切。所以，人们常常将情绪与体验结合起来使用，称为情绪体验。

所谓积极体验，或称积极情绪体验，主要是指客观事物能满足人的需要而产生的情绪反应与心理体验。积极体验主要以主观幸福感为中心，着重研究人针对过去（满足、满意、骄傲、安宁和成就感等）、现在（高兴、福乐和身体愉悦等）和将来（乐观、信心和希望等）的积极情绪体验，通常指个体满意地回味过去、幸福愉悦地感受现在、满怀希望地面对未来这样一种经常性积极的心理状态。积极情绪体验也是一个颇有争议的概念，争议之处在于对积极的理解的差异。按照大多数心理学研究的共同趋势，能激发个体产生接近积极行为或具备积极行为倾向的情绪体验称为积极体验。

二、积极体验的重要意义

积极体验可以缓解学生的心理压力，使学生的幸福感更强烈。积极体验还可以满足学生的心理需要。人有七种基本需要，即生理需要、安全需要、归属和爱的需要、尊重需要、认识和了解的需要、美的需要以及自我实现需要。现代大多数学生已经满足了的两种基本需要：生理需要和安全需要。而部分学生较高层次的需要却得不到满足，甚至被忽视。积极体验可以让学生拥有良好的情绪，让学生在积极体验中学习，使学生的归属和爱的需要、尊重需要、认识和了解的需要在积极体验过程中得到满足。

增强学生的积极体验是发展学生积极品质的有效途径。受教育者出现积极体验（主要是心理享受）之后，就会对自己提出更高的发展要求，而这种要求因为来自受教育者，与自己有着天然的亲和力，也更容易为自己所接纳、发展、内化、稳定，从而形成某种人格类型特征。

（一）积极情绪体验能促进个体良好道德品质的培养

在道德知识的传递与接受过程中，如果个体没有产生对道德知识、道德原则与道德规范的认同、赞赏等积极的情绪体验，那么这些知识只能是外在的东西，只有当个体产生了积极的情绪体验，他才能理解和感悟这些知识的价值与意义，并将之内化为自己的行为准则。在道德动机的激发与培养过程中，如果个体通过切身情绪体验感受到相关道德原则与规范的积极意义，或通过自身的情绪体验感受到道德行为的享受价值，那么个体才能真正确定道德的必要性，认同道德原则和道德规范。

在实践道德原则与规范的过程中，如果个体的某种“困难”是在伴随着积极情绪体验的活动中产生的，那么他通常会将之看作一种有益的挑战，看作一种促使自己不断发展、不断提高的契机，因而形成积极道德意志品质。

在道德行为的自律方面，自律行为的产生，是由于特定行为经常导致某种情绪性或经常引发某种性质的情绪体验，因此该行为与相应情绪体验之间形成了一种稳定的条件性联系，具体表现为该行为被充予了情绪或被情绪所定性，乃至其再现时可以引发相应的情绪体验及其反馈结果，并对人的行为产生内在的调节和强化作用。因此，如果个体的某种行为经常受到他人的赞赏、好评或奖励，并因而产生幸福、愉快、满足、自尊、骄傲等情绪体验，就会将这些情绪注入该行为之中，对其产生积极的情绪充予；如果个体的某种行为经常受到他人的指责、批评或惩罚，就会将这些情绪注入该行为中，对之产生消极的情绪充予。某一行为一旦被情绪所充予，不仅会使个体再从事该行为时产生与原来相同的情绪体验和相应的情绪性联想，还会使个体通过行为的情绪性后果，体验到为什么要这样做或不要这样做的原因与道理。“激发相应的情绪体验是道德教育获得实效的心理基础，而且在通常情况下，只有先‘动之以情’，才能更好地‘晓之以理’。”

根据情绪充予的原理机制，个体总是尽可能从事伴随积极情绪充予的行为，尽可能避免伴随消极情绪充予的行为，从而表现出道德行为上的自律。但是，消极的情绪体验虽然可以限制个体的不良道德行为及习惯的形成，有助于个体的道德自律，但无益于积极道德行为和品质的培养。因为消极道德品质的抑制并不等于积极道德品质的形成，要培养积极的道德品质，还需要积极情绪体验对积极道德行为的情绪充予。积极道德品质的形成与培养，离不开积极的情绪体验。

（二）积极体验中的心理享受与积极品德的培养关系更为密切

从积极心理学的角度来看，与感官愉悦相比，心理享受更有利于个体成长和积极品德的培养。

感官愉悦与心理享受同属积极体验，彼此之间既密切关联也有所差别。感官愉悦与心理享受常常同时发生，彼此相互促进，心理享受可以使人体会到更多的感官愉悦，而感官愉悦的增多也能有利于心理享受的形成。感官愉悦是由外在刺激引发的一种直接感官反应，属感觉类的心理现象，没有认知评价（即外在刺激是否满足主体需要因而决定是否产生积极情绪）这一环节，而心理享受的产生必须以主体的认知评价为先导，属知觉类的心理现象；一般来说，感官愉悦持续时间较短，会随着外在刺激的消失而消失、变化而变化，而心理享受持续的时间较长，并能迁移到学习、工作、生活等其他方面。这也就意味着心理享受依赖个体的主观需求与认知评价，有着比感官愉悦更为复杂的心理机制，因而与更多心理因素相关。这也表明了个体对于自身与他人道德言行、道德品质的感动、欣慰、赞赏、成就、快乐、幸福等心理享受十分有利于他们积极道德品质的培养，因此积极道德教育主张采用积极、正面的道德教育方法，激发受教育者积极的情绪体验，特别是激发其积极体验中的心理享受。

（三）积极体验的理论研究拓宽了学校心理健康教育的新视角

学校心理健康教育应以积极情绪体验的价值取向为先导，以一种积极开阔的视野，来重新整合心理健康教育的各种要素。把心理教育作为整体，将整体内各要素综合构建起来，形成科学合理的结构体系，实现整体优化组合、协调发展，发挥心理教育的最大效能。

1. 积极情绪体验的研究目标是对学校心理健康教育目标的整合

首先，积极情绪体验的研究目标使学校心理健康教育的培养目标回归到本原。积极情绪体验提出学校心理健康教育要激发学生内在的能量，帮助他们发展潜在的综合技能，勇于担当社会责任，培养为身心健全的有理想、有道德、有文化、有纪律的社会主义公民。这一目标同学校心理健康教育的目标一致。积极情绪体验关注个体和群体自我的积极层面，关注个体拥有满意、美好等主观感受和过去体验的良好状态，同时关注个体对未来充满乐观和希望。在群体水平上，它包括培养个体乐于承担社会责任，培养合格的社会公民。积极情绪体验既包含了个体的培养目标，也兼顾了社会和群体的培养目标。

其次，从测评目标上看，积极情绪体验与以往强调学校心理健康教育消极情绪体验取向和干预不同。积极情绪体验促使个体的潜能得到充分发挥。它更注重反映个体能力水平的评估，在评估中力求突出个体和群体积极向上的心理品质，如主观幸福感、生活的满意度、对未来的乐观希望、强化积极的情绪体验、内在的积极力量、和谐的人际关系、积极的自我反思等，评估的目标是引导人们关注和培养个体和群体中积极的品质和潜能，努力创造有利的环境使个体发挥积极的品质。

最后，从自治机制目标上看，积极情绪体验主张可以促使教育者改变，教育者的行为能够运用到积极情绪体验的研究中，发挥积极的功能和积极的体验，培养他们积极工作、学习和生活的兴趣，从而在课堂中发挥更有效的作用。教师应创造一种积极的课堂环境，更好地引导学生，使学生更乐意接受教育。干预的目标不是为了让学生避免失败，而是积极努力地追求成功，使学生确信自己会不断地向目标迈进。教师应围绕着学生积极的品质设计课堂活动，营造调动学生积极性的课堂环境，让学生在课堂中不会感到压抑，当学生体验快乐时，会沉浸在课堂中，和教师建立良好的互动关系。积极情绪体验的自治机制目标坚信通过认知和行为会鼓励积极情绪体验的发展，而积极的情感品质包括热爱、兴趣、自尊和自信也会推动学生的思想行为，促进学生的身体、智力、情感和社会适应能力的发展。

2. 积极情绪体验取向改善融合了学校教育者与教育对象的关系

在学校心理健康教育中，学生是成长的个体，同时是发展的主体。师生不再是单纯的教育与被教育的不对等关系。教师需要培养自己的积极心理，以积极的心态对待发展中的学生，重视学生个体自我成长的经验。积极情绪体验取向强调学校教职员工和学生之间的重要关系。教师应积极鼓励学生发展信任、分享、协作和进取。强调课堂气氛的重要性，课堂上的积极交流与互动可以增强学生的安全感、信任感，体验成就感。在发展中的个体和群体之间，建立融洽的师生关系和合作伙伴关系。教师应该与学生建立平等、互信、团结、互助的新型师生关系，学校应该为学生学习、生活营造安全、民主、和谐的校园氛围。

3. 积极情绪体验取向融合丰富了学校心理健康教育的资源

积极情绪体验的价值取向可以充分挖掘和利用学校心理健康教育的丰富资源。教师、学生和家长是心理健康教育的主体也是客体，教师、学生及家长应该发挥自身的潜能，尊重心理健康教育规律，充分发挥主观能动性，扎实推进学校心理健康教育工作。美国积极心理学家塞里格曼认为，“心理健康是每个人天赋的能力”，积极心理学应研究人类力量、开发潜能和积极的追求实现理想。无论个体心理状态和社会化存在多大的差异，学生都有自我建构心理健康的能力。因此，积极情绪体验取向可以使学校心理健康教育充分利用社会、家庭、校园丰富的人文资源，调动教师、学生和家长的积极性，发挥课堂主阵地的作用，不断充实心理健康教育的内容。

第二节 增进积极体验的策略

一、增进福乐

“福乐”是根据国外积极心理学中的“flow”翻译而来。目前，我国心理学界对“flow”这一概念还没有统一的译法，除了“福乐”外，“flow”还被翻译成了“沉浸”“心流”和“流畅感”等。

（一）福乐的内涵

“福乐”是指人们对某一活动或事物表现出浓厚的兴趣并能推动个体投

入某项活动或事物的一种兴趣体验，这是一种包含愉快、兴趣等情绪成分的综合情绪，而且这种情绪体验是活动本身而不是外在其他目的引起的。从这个定义中不难看出，福乐的内在含义是一种快乐的心理状态。

（二）福乐状态下个体的特征

自从福乐被提出之后，很多学者都对它进行了研究，并取得了众多的研究成果，在这些研究成果的基础上，可以得到福乐状态下个体的一些特征。

（1）个体会强烈地把注意力集中在当前从事的活动上。

（2）意识与正在从事的活动会合二为一。

（3）会暂时失去一些自我意识。

（4）能认识到自己有能力掌控自己的行为活动。

（5）会出现暂时性体验失真。

（6）活动体验成为活动内在动机，通常情况下完成活动就是进行活动的最好理由。

（7）具有直接的即时反馈，活动的每个环节都是对上一活动环节的反馈。

（8）个体所感知到的活动挑战性和自身的技能水平间具有平衡性。

（9）有明确的活动目标。

以上这九条特征结合起来，就是福乐状态了。

（三）福乐形成的心理机制

为了探究到底是什么促使个体产生福乐的情绪体验，笔者有必要对人类的意识系统做简单的分析。从进化论的角度来看，人类在进化过程中为了生存，中枢神经系统逐渐发展出了一种能区分各种外界刺激信息的信息处理系统，人们把这一系统及其所具有的特性统称为意识。意识一般由三个子系统组成：注意系统，也就是人们平常所说的感觉系统，它确保外在信息在意识中出现；知觉系统，负责对感觉到的信息进行解释和加工；记忆系统，用来储存个体已获得的信息。意识的这三个子系统由于受到人本能压力的影响，会在人的基因要求（人的生物性要求）、社会文化要求和个体行为之间进行调节，而这种调节主要体现在把生理加工过程转变为个体的主观体验。这样每一个个体都能觉察到自己有着各种力量，如思考、感受、愿望、喜欢或确定自己的注意方向等，于是自我就在这种体验或觉察过程中产生了。

所以，从某种角度上说，自我是意识过程及其结果的附带产品，其内容是关于自身的过去、现在和将来三个方面的信息，具体包括身体、心理和行为等方面。当个体具有了自我之后，自我在意识中的地位会不断增强，并最终占据意识过程（甚至无意识的绝大部分也被自我所占领）的全部。因此，每个成年人的意识其实都是从每个个体的自我出发所形成的意识，其意识带有明显的自我特性。例如，在平时的生活中，尽管是同一个事物，但不同的人对这一事物的意识并不一样，这就是因为每个人有不同的自我。

正如社会生活中的许多事物一样，自我一旦形成和独立，就会表现自己的特点。独立后的自我主要有两个倾向特点。

第一个倾向是存在性。也就是说自我要保持自己的存在并使自己得到延续，自我本身就是自我的目的。人们可以看到这样的现象，几乎所有正常的人都关心自己的事甚于关心他人的事。例如，当人们从电视上看到某个国家因战争或自然灾害而导致成百上千人死亡时，也许会唏嘘不已，哀叹世间多灾多难，但这不会影响人们当天的正常工作和睡眠。不过如果你早晨起来发现自己脸上长了个小疙瘩时，你一定会大呼小叫，向家人抱怨，而且会影响你当天的正常生活和睡眠质量。一边是生命的丧失和鲜血的横流，而另一边只是无关紧要的小疙瘩，人们却表现出了截然不同的态度。这当中，只是自我在起作用，是自我为了使人们保持自己的存在而在约束着人们的态度。

自我为了保持自己的存在，意识的三个成分——注意、知觉和记忆都会主动（自由地）去除那些威胁自我存在的状态而保存有利于自我存在的状态，在这一过程中，自我会根据本身的利益而自动在头脑中形成一个目标梯度。那些对自我具有核心利益的经验常常处于较高等级，其他的经验则根据其对自我的利益大小而排在相应的位置，目标梯度的这些等级实际上就构成了自我的组成成分。这样，当外在体验进入人的意识之后，这个外在体验如果和自我原有的梯度目标一致时，它就会增强目标梯度，也就是使自我得到增强；反之，如果外来的体验和原有的目标梯度有冲突，那它就会引起原有的目标梯度发生混乱并威胁到它的存在，自我也将得到削弱。一般认为，外界信息是一个综合的信息体，它在进入人的意识中时既有和自我目标梯度一致的地方，也有和自我目标梯度不一致的地方，这就是说增强和冲突这两种状态总是并存的。

第二个倾向是自由性。这就是说自我虽然是在一定的生理因素基础上产生的，但它独立之后，它对个体所发挥的影响会越来越不受个体原有的生理因素的制约，会表现出明显的自主性。自我的这一倾向其实是由第一个倾向派生的，因为事物要想保持存在状态，一定要有自己的自由，没有自由的事物是不可能长久存在的。因此，自我既可以是自私的，也可以是无私的；既可以是积极的，也可以是消极的；既可以和本能相符合，也可以和本能相违背。例如，当人们饥饿时，如果仅受生理刺激因素的影响，人们几乎每次饥饿都会立即去搜寻食物。但当个体产生了自我之后，情况就有可能不一样了，人们并不会每次都在有了饥饿的生理刺激之后就去搜寻食物。当一个人自己觉得自己肥胖而需要减肥时，他即使感到饥饿也不会去寻找食物。

正是因为自我具有了上述两个特性，所以自我在漫长的进化过程中就逐渐地把愉快、能力和分享当作自己形成目标梯度的基本参照，因为它们是自我两个倾向的基本分化。不过在进化过程中，不同的人会把这三者以不同的方式来组合在自己的意识之中，从而形成不同的心理体验，如有的以愉快为主，有的以能力为主，有的以分享为主，等等。一部分人逐渐把愉快、能力和分享相结合而形成一种新的形式，人们将这种体验称为“福乐”。福乐就是人意识中的一种自带目的的内在动机原型，它的目的是体验行为本身而不是行为所能带来的外在奖励或其他好处。与此相反的是，尽管这种动机不带有任何外在目的，但在实际生活中，这种自我目的性动机行为常常能伴随着新思想、新发明的出现。

（四）福乐状态产生的条件

个体想要拥有福乐，必须要具备以下三个条件。

1.挑战与才能相互平衡

要想达到福乐状态，挑战与才能之间的相互平衡是必不可少的。所谓挑战，是指本人通过一定的努力，并克服一定的困难，完成的一种任务和能胜任的一种活动。所谓才能，是指与从事的活动相匹配的技能、技巧等。当挑战与才能之间达到平衡时，个体才会拥有福乐体验。换句话说，当个体经过一定的努力后可以完成相应的挑战，福乐状态才会产生。例如，骑自行车，当个体经过一定的努力学会骑自行车时，就会产生福乐状态。

需要指出的是，由于挑战与才能之间并不总是处于平衡中，因此福乐状态也是不断变化的。例如，没有学会骑自行车的人学会了骑自行车时，会产生福乐状态，但是当他已经学会了骑自行车之后，再进行骑自行车的活动不可以使他以一种方法永远获得福乐体验。事实上，福乐是推动人不断发展和进化的一种原动力，人类总在福乐的伴随过程中获得进步，又在福乐的失去过程中寻找新的挑战。在一些活动中，人们之所以不能体验到福乐或者体验到较短暂的福乐，是因为活动本身存在不同的挑战度。所谓挑战度，就是在活动者才能所及的范围内，活动本身的挑战性（难度）与从事活动的人的才能之间的梯度，梯度越大则挑战度就越大，反之则越小。但并非挑战难度越大，福乐的体验就越大。如果活动的难度远远超过人的能力范围，则活动就不可能进行，自然也就不会产生福乐体验。因此，在挑战与才能之间需要找到一个平衡点才能够产生福乐。

2. 从事的活动要具有一定的结构性特征

并不是具有挑战性的活动都能让人产生福乐，活动要想让人产生福乐，还必须具备结构性的特征。所谓结构性特征，是指活动应该具有确定的目标、明确的规则和相应的评价标准，也就是说活动要具有可操作性和可评判性。一些活动，如体育活动、艺术活动、国际象棋比赛和围棋比赛等活动，就都具有这一特征，因而容易产生福乐体验。

3. 个体具有自带目的性人格

从对福乐的研究结果来看活动本身的结构性特征，并不完全决定个体福乐的产生，它还需要个体具有自带目的性人格。当个体具有自带目的性人格时，他所做的事情总的来说是因为自我的原因，而不是为了获得其他的外在目的，另外具有自带目的性人格的个体常常会对生活充满好奇和兴趣，在生活中也显现出耐心性和坚持性，能更多地从内在动机方面对自己的行为进行自我奖赏，从而更容易产生福乐。

二、体验主观幸福感

幸福定义为使人心情愉快、舒畅的生活状态。也就是说，幸福是一种主观精神层面的情绪体验，一种称心如意的主观体验，是每个人根据自己的标准对自己的生活质量进行评价后的主观体验。

（一）主观幸福感的内涵

所谓主观幸福感，是指个体依据自己设定的标准，对其生活质量所做的情感性和认知性的整体评价。主观幸福感包括生活满意度和情感体验两个基本成分。生活满意度是个体对生活总体质量的认知评价，即在总体上对个人生活做出满意判断的程度。情感体验是指个体生活中的情感体验，包括积极情感（愉快、轻松等）和消极情感（抑郁、焦虑、紧张等）两方面。主观幸福感由对生活的满意度、积极情感的体验和消极情感的缺乏构成，对整体生活的满意程度越高，体验到的积极情感越多，消极情感越少，个体的幸福感体验越强，它是衡量个体生活质量的重要综合性心理指标。

具体而言，可以从下面几方面理解主观幸福感的含义。

第一，主观幸福感是主观性的情绪体验。它存在于每个人自我的经验之中，对自己是否幸福的评价要依赖于个体内定的标准，而不是他人或者外界的准则。每个人都可能具有同等程度的幸福，但它们的实际标准是不一样的。

第二，主观幸福感是个体对生活的整体性评价。一个人对自己的所作所为和整个生活质量是满意的，感受的生活是充实的。这种满意感全面而深刻，不是只对自己的某一个行为或某一种表现满意，而是整体的满意，并且这种满意感是稳定长久的，不是偶然的。

第三，主观幸福感是更加高级和复杂的情绪体验。它不仅没有消极情感的存在，还包含积极的情感体验。一个人要能够体验到积极的情感，才能产生幸福感。并且，幸福有别于通常意义上的快乐，快乐的人不一定幸福，幸福的人也不必然快乐。虽然绝大多数幸福中包含着快乐，但是偶尔快乐与幸福是矛盾的。

第四，主观幸福感是一个相对稳定的值。它是评估相当长一段时期的情感反应和生活满意度。

第五，主观幸福感是对积极因素的发扬和对消极因素的抑制。决定人们是否幸福的要素，并不是实际发生了什么，而是人们对所发生的事情在情绪上做出何种解释，在认知上进行怎样的加工，以求情感平衡。情感平衡是指与不愉快的情感体验相比较，愉快体验占相对优势，是个体对生活的一个总体的、概括的评价。情感体验包含积极情感和消极情感两个维度，但这两个维度并不具有必然的相关性，而是两个相对独立的变量。幸福不是想出来的，而是做出来的。一般而言，幸福感在于做正确的事，实现了自我潜能，维系了良好关系网，促进了个人成长。幸福是一种乐观的、积极的人生信念，与人对自我、他人和世界的基本态度有关。生活满意度是个体对生活的综合判断，作为认知因素，它独立于积极情感和消极情感，是衡量主观幸福感更有效的指标。

此外，对主观幸福感的理解还涉及分析层面，主要包括认知与情感、个体与群体、横向与纵向、时点与时段等。在主观幸福感与社会心理体系诸多因素和层面之间的密切联系中，以下几点是十分独特而重要的。

第一，心理参照系。就社会层面而言，其成员的幸福感将受到他们心理参照系的重大影响。例如，在封闭社会中，由于缺乏与其他社会的比照，尽管这个社会的物质发展水平不高，但由于心理守常和习惯定势的作用，其成员便可能知足常乐，表现出不低的幸福感；而处在开放之初的社会，面对外来发达社会的各种冲击，开始了外在参照，因此其成员的幸福感便可能呈现下降之势，因为此时他们原有的自尊受到了创伤。

第二，成就动机程度。人们的成就需要决定了他们的成就动机程度，成就动机程度又决定了其预期抱负目标。其中，人们对自身成就的意识水平是一个重要环节，因为如果人们意识到的自身成就水平高于他们的预期抱负目标，那么，便会产生强烈的幸福感；反之，如果人们意识到的自身成就水平低于他们的预期抱负目标，那么，则不会有幸福感可言。

第三，本体安全感。这指的是个人对自我认同的连续性、对所生活的社会环境表现出的信心。本体安全感源自人和物的可靠感，对形成个体的信任感是较为重要的，而对于外在世界的信任感，既是个体安全感的基础，也是个体抵御焦虑并产生主观幸福感的基础。因此，人的幸福感有时与其经济状况或收入水平之间并未呈现出简单的正相关。在现实生活中，一些经济状况不佳的人，其幸福感却不低，而有些百万富翁却整日忧心忡忡。

21 世纪以来，社会结构转型加速，各个领域的体制改革日益触及深层利益，社会分化程度加大，尤其是贫富差距凸显。在社会心理方面，随着生活条件逐渐改善，人们的需求层次日益提升且呈现出多样化态势。因此，需求能被满足的标准相对提高了；而由于资源相对短缺和竞争加剧以及现代生活节奏加快，人们的各种压力感大大增加，这都强有力地影响了人们的幸福感。

值得注意的是，随着人们生活质量的提高，人们对社会问题的关心更倾向于与民生有关的领域，民生问题成为大多数社会成员较为关切的社会问题。这种关注重点的变化，反映了人们对于社会发展态势的判断。而对民生问题关注程度的上升，尤其反映了体制改革与社会发展正在对人们的生存条件和生活质量产生着强有力的影响。这一切深刻地影响了人们的本体安全感，具体表现为对社会生活保障需求的增强，这影响了人们的幸福感。

总之，积极心理学认为主观幸福感是一个人积极体验的核心，同时是其生活的较高目标。这一概念立足个人的主观感受，尊重个体对自己生活的评价与体验。对主观幸福感进行研究，深入把握个体的生活状态，对提高人的生活质量、帮助人取得人生幸福具有重要的价值。

（二）主观幸福感的特点

1. 主观性

个人的主观幸福感存在于个体的经验之中，依赖于个体内定的标准，而不是他人或外界的准则。每个人都可能具有同等程度的幸福，但它们的实际标准却是不一样的。在此意义上，尽管健康、金钱等客观条件会对幸福感产生影响，但它们并不是幸福感的内在和必不可少的部分。

2. 二维性

个人的主观幸福感的一个维度是积极情感体验，另一个维度是消极情感体验。过去人们以为，积极情感越多的人，消极情感就会越少，反之亦然。近来的科学研究却发现事实并非如此。人们的消极情感和积极情感是两个不同的维度，既可能一个高一个低，也可能两个都高或都低。

3. 整体性

个人的主观幸福感不是源自个体对某个生活领域的狭隘评估，而是包括个体对其生活状态的整体评价。成年人的生活内容，包括家庭生活、职业生活、社会生活等多个领域，幸福感不是由某一领域决定的，而是由个体对多个领域的整体生活感受决定的。

（三）主观幸福感的影响因素

主观幸福感的影响因素有很多，一般而言，分为主观因素和客观因素。

1. 主观因素

主观因素又称为内部因素，即由一系列主观的变量引起的。幸福来源于自身的评价，所以幸福感是主观的产物，是客观的实在，有时两者是同一的，而有时两者是相悖的。

影响主观幸福感的主观因素，主要包括人格特质、认知方式、归因、自我意识和自我评价等。而这些要素从大的分类上，可以归结为人格、自尊和气质。

（1）人格。人格也称个性，是一种具有自我意识和自我控制能力，具有感觉、情感、意志等机能的主体，是具有与他人相区别的独特而稳定的思维方式和行为风格，是整体的精神面貌，是具有一定倾向性和比较稳定的心理特征的总和。人格是人类独有的、由先天获得的遗传素质与后天秉承的内外信使相互作用而形成的、能代表人类灵魂本质及个性特点的性格、气质、品德、品质、信仰、良心以及由此形成的尊严、魅力等。

人格对幸福感的影响，主要来自以下三个方面。

第一，自我控制感。控制感是对个人性格特征和行为与其所经历的后果之间的关系所形成的一种概括化的期望。控制感分为内部控制和外部控制两种倾向。内控者倾向于把行为后果看作由行为本身所决定，而外控者则认为行为后果由行为以外的因素（如他人、环境、命运等）决定。一般来说，内控者较为乐观和主动，他们常常把结果归因到问题本身，往往能较好地适应周围环境，有助于保持和提高幸福感。外控者则相反，他们常把行为的结果归结于机遇和运气或其他一些自己无法控制的外部力量，较为悲观和被动，采取的应对方式比较消极，从而影响或损害幸福感。研究表明，个体越倾向于外控，其主观幸福感水平越低；反之，个体越倾向于内控，其主观幸福感水平越高。

第二，自我效能感。研究表明，自我效能感与主观幸福感、生活满意度之间存在显著的正相关关系，与抑郁水平和焦虑水平之间存在负相关关系。自我效能感不仅对个体的焦虑水平有较强的直接影响，还通过影响焦虑水平的高低来影响个体的主观幸福感。自我效能感高的人往往自信心水平较高，较多的正性情绪体验，从而有较多的幸福感。自我效能感高的人往往会把成功归因于自己的能力和努力，把失败归因于机遇、运气等，或者是自己的不努力。这种归因方式能够提高个人的动机水平，增强积极情绪的体验，降低焦虑水平，增强其幸福感。

第三，基因。基因也是影响主观幸福感的重要因素，不少研究者甚至把基因作为影响主观幸福感的主要因素。个性和幸福感是共存的关系。个性决定了幸福感的多少，拥有性格外向、沉着冷静和富有责任心等个性，幸福感的分值也相对要高。暂时性事件对幸福的影响是有限的。无论是好的事情，还是糟糕的事情，从长远来看，都不会对人们的幸福产生影响。这样看来，很多人在 10 多年之后会回到他的幸福底线上来，无论他在其间经历过多么悲惨的事情，如果他是乐观的人，在得病 8 周后，其积极情绪就会有所恢复，并战胜消极情绪。若干年后，他们的幸福只比正常人稍低一些。这说明了人的情绪是稳定的，并不受暂时性的事件的长期影响。

需要指出的是，尽管最新研究发现幸福感根植于人们的基因中，但仍有一部分幸福感差异是受外部因素如人际关系、健康和事业状况影响的。从心理学的角度讲，心态好的人，在面对同样的困难时要比心态不好的人想得开一些，也更容易找到新的出口。

（2）自尊。自尊是个体由肯定的自我评价引起的自爱、自重，既不向别人卑躬屈膝，也不允许别人歧视侮辱，是一种健康良好的心理。自尊是个体在社会实践过程中所获得的对自我的积极情感性体验，它反映出个体感知到的现实自我状态与期望自我状态之间的差异。自尊与主观幸福感的关系一直以来都是人们研究的焦点，两者具有密切联系也得到了众多研究者的认同。心理学家研究发现，在人格特质、适应能力、自尊、年龄、婚姻状况、经济水平等预测指标中，自尊是测量生活满意度的最佳指标之一。一般来说，高自尊者对自己持肯定的态度，乐观自信，有较好的应激方式，能较好地应付各类问题，幸福感相对高些；低自尊者则相反，对自己持有消极信念和负性思维，认为自己不如别人，缺乏较好的应激方式，没有信心应对困难，对自己的接纳程度低，对自我的情感体验是负面的。

（3）气质。气质是表现在心理活动的强度、速度、灵活性与指向性等方面的一种稳定的心理特征。人的气质差异是先天形成的，受神经系统活动过程的特性所制约。古希腊医生希波克拉底曾根据体液在人体内占优势的类别把气质分为四种基本类型：多血质、胆汁质、黏液质和抑郁质。研究表明，气质类型与主观幸福感之间存在着一定的相关性。气质类型影响外显主观幸福感，其中多血质被试的外显主观幸福感水平较高，黏液质、胆汁质被试次之，抑郁质被试较低。

虽然气质与幸福感有一定的联系，但气质不能决定个体活动的社会价值和成就的高低。气质是人心理活动的动力特征，它使人的心理活动染上某些独特的色彩，却并不决定一个人性格的倾向性和能力的发展水平。无论是同样气质的人还是相反气质的人，都有成功或失败，所以气质并不是成功的决定性因素。气质虽然在人的实践活动中不起决定作用，但却有一定的影响。气质不仅影响活动进行的性质，还可能影响活动的效率。例如，要求做出迅速灵活反应的工作对于多血质和胆汁质的人较为合适，而要求持久、细致的工作对黏液质、抑郁质的人较为合适。在一般的学习和劳动活动中，气质的各种特性之间可以相互补偿，因此对活动效率的影响并不显著。

气质是可以培养的，同样，由气质产生的幸福感评价也是可以变化的。气质美提升的过程，也是幸福感提升的过程。培养气质可通过以下几种方式。一是多照镜子。镜子并不是自恋的代名词，事实上，镜子是你忠实的朋友，通过它，你可以发现自己的优缺点。二是保持快乐的心境。每个人较为闪亮、有魅力的时候往往是他比较快乐、幸福的时候。三是获得爱情。爱情会让人不自觉地有一种充实的心情，而且会使人变得较为包容，而包容他人的过程同样是幸福提升的过程。四是多与你觉得充满魅力的异性沟通。表情是可以传染的，多与笑容充满魅力的异性对话，你也会不自觉被感染到，学会更有魅力的表情。五是与不同辈分、不同类型的人交流。在与年长者或者外国朋友交流时，自己的表情、语言和视线都会根据不同的人而有一些微妙的调整，这种交流过程会提高自己的人际交往魅力，从而提升幸福体验。六是找到适合自己的笑容。自然、灿烂的笑容是给人第一印象的最佳利器，但要注意发自内心的笑才是自然、坦诚的。微笑就是要展现出人格、气质、外表的美好形象来。

2. 客观因素

（1）学习压力。学习的最终目标不是最大化绝对成绩，而是最大化人们在获得成绩过程中收获的点滴幸福。除了绝对成绩，时间性的比较和人际间的比较也可以给学生带来快乐幸福感。所谓时间性比较，是指某时间段内心理体验同其他时间段的比较。如果差异较大，或者变化较大，那么幸福感就会有较大的增减。同样，时间性比较只是幸福感获取过程中的表象，并不能由此确定学习成绩的优劣和实际的位次。通常情况下，成绩位次前移会提高学生的幸福感，而成绩名列前茅的学生，他们大多是同一个假想参照物比较，其快乐感、幸福感的增减是与假想参照物前后的位移与距离的远近成正比的。如果前者是结果引发的幸福感，那么后者则是过程引发的幸福感。

同样的道理也适用于人际间的比较。假定学生需要得到教师的鼓励和表扬时，而作为教师的你有两种给予鼓励的方式：一种是可以给学生过多过密的关注、鼓励；另一种是可以给学生相对少一点、相对平和的鼓励、关心，但是你可以时不时对他们给予鼓励和支持。客观地讲，虽然你在第一种方式中给予学生的鼓励和关注是较大的，但是学生往往在第二种方式中更能得到快乐，感到幸福。而在这种幸福感的测试中，人际关系的远近和变化，成为学生获得幸福感的重要源泉。

从某种意义上讲，学习的终极目标是幸福的最大化，幸福感应被每一个学生拥有。21 世纪的教育，将是追求人性最大化的时代，也将是追求学习幸福感的世纪。归根到底，学生最终追求的是学习的快乐，而不是有更好的成绩。因为，从“效用最大化”出发，对人本身较大的效用不是成绩、分数，而是学习的快乐。当然，社会在进步，满足感和不满足感都是相对的，新的教育成才观可以引导学生看到自己成功的一面，不把缺憾的一面放大，让每一个学生尽量多地获得幸福感。

（2）人际交往。人际交往也称人际关系，是人与人之间心理上的关系。人际交往表现为人与人之间的心理距离，反映着人们寻求情感满足的心理状态。动态地看，人际交往是指人与人之间直接或间接的相互作用，但都超不出信息沟通与物质交换的范围；静态地看，人际交往是指人与人之间通过动态的相互作用形成的情感联系。人的成长、发展、成功、幸福都与人际关系密切相关。没有人与之间的关系，就没有生活基础。对人们而言，正常的人际交往和良好的人际关系都是其心理正常发展、个性保持健康和生活具有幸福感的必要前提。研究表明，良好的人际关系可以提升幸福感，而劣性人际关系则会降低幸福感。同伴接纳与生活满意度之间呈显著正相关，与消极情感之间呈显著负相关，与积极情感之间无相关性。

（3）社会支持。社会支持是指可以为个体所利用的重要外部资源，它可以提供物质和信息上的帮助，增强人们的喜悦感、归属感，提高人们的自尊心和自信心，当人们面临应激性生活事件时，还可以阻止或缓解应激反应，从而增加正性情感并抑制负性情感，防止降低幸福感。社会支持可以分为客观支持和主观支持。客观支持包括实际上的物质资助和社会关系所赋予的直接援助；主观支持主要指精神上的帮助，精神上的支持比物质上的支持更好一些。

个人社会支持系统主要包括三股力量，分别是血缘关系、亲密关系、社会关系。血缘关系主要指父母、兄弟姐妹；亲密关系主要指伴侣和较亲密的朋友；社会关系则是包含较为广泛的支持力量，也是效果和作用较少的一种力量，主要指关系不太紧密的朋友、同学、同事、客户等社会关系。社会支持与主观幸福感之间存在显著的相关性。良好的社会支持可以增强人们的主观幸福感，而劣性社会支持则会降低主观幸福感。社会支持是通过调节人的情绪、情感、自尊等心理变量影响主观幸福感的。

表面上看，每个人的社会关系网都差不多，无非是父母手足、同学同乡。但深入观察，每个人从中获得的支持又有很大的差异：有人在个人支持系统中与他人共享生活，充满幸福感，遇到困难时总能获得及时而有力的帮助；而有些人则不然，他们虽然和别人一样也拥有客观存在的关系网络，却与其中的人相处得很糟糕，在陷入困境的同时，陷入孤立无援的状态。依据社会支持理论的观点，一个人所拥有的社会支持网络越强大，就越能够很好地应对外部环境的挑战。

社会支持是个人在社会中得到承认的重要体现。朋友、父母、同学等的支持及个体的群体融入程度能增加个体的正向情感。每一个人都是社会中的人，他总是生活在一定的群体中。想得到群体的认可和支持更表明了个体的归属感，因此这种爱与被爱、支持与被支持的过程，使得每一个个体得到的正向情感多于负向情感，这是主观幸福感的重要指标。

（4）家庭因素。家庭因素的各个维度都会对个体主观幸福感产生影响。家庭环境、经济状况、家庭结构以及父母的教养方式等因素不仅直接影响个体的主观幸福感，还通过人格、自尊、应对方式等诸多中介因素对其主观幸福感产生间接影响。调查发现，家庭亲密和适应性均与个体的主观幸福感呈显著正相关，个体在家庭中的亲密度越高，家庭的适应性越强，个体越幸福。

生活事件是一种刺激，是人们在家庭、生活、工作和学习中遇到的各种刺激的总和，也就是平常人们所说的精神上的刺激。它产生的张力需要人一步一步地来消除，从而达到身心的适应，当刺激较为严重或一连串的刺激一直积累时，个体就会出现身体或心理上的疾病。重要的生活事件会引起主观幸福感的变化，一般来说，好的生活事件与良好的情绪相关联，坏的生活事件与不良的情绪相关联。

稳定的家庭结构、合理的教养方式、良好的家庭条件不仅会直接影响个体的主观幸福感，还可以通过影响个体的人格、心理等间接影响其幸福感。主观幸福感与家庭因素之间的关系主要体现在以下几个方面。一是家庭结构。健全的核心家庭是较为合理的一种家庭结构。在这种理想的亲密家庭中，家庭气氛融洽，家庭成员互相关心。做父母的不仅夫妻间珍惜情感，亲密恩爱，还能够一起关心、体贴、疼爱子女，他们共同承担抚养和教育子女的责任，分工合作，使其能够健康成长，从而形成正确的世界观、人生观、价值观，主观幸福感的主观认知和情感体验也会大大增加。和睦的家庭可以给个体提供更全面的家庭教育，除学习之外的指导和帮助，还能增加快乐感、归属感。二是教养方式。研究显示，在情感温暖、理解型养育之下个体的情感满意度，明显要比在放任、拒绝、干涉等不良的养育方式之下成长的个体要高得多。三是家庭条件。在经济条件较好的家庭中，个体容易产生更多的自我优越感和自信心，体验到的幸福感也就更高。

（5）学校因素。作为学习化社会运作的支撑机制，学生学习热情的提高，是营造学习化社会不可缺少的条件。乐学是学生对学习产生积极的情感体验，视学习为乐趣，它关乎学生对学习的态度和价值观，直接影响到他们的学习效率。乐学在心理学意义上的重要表现形式之一，就是学生的学习主观幸福感高。

乐学又称愉快教育，是素质教育的重要组成部分。愉快教育就是要充分调动师生双方的积极性，使教师善教，学生乐学，在师生融洽、合作的气氛中，全体学生得到生动、活泼、主动的全面发展的教育。愉快教育的本质主要体现在如下几个方面：一是满足学生的认知需要，培养学生的认知兴趣；二是要求教师乐教、善教和学生乐学、会学相结；三是建立民主、平等、融洽、合作的师生关系。提高学生的整体素质，追求学生个性的和谐发展，必须开发、培植和发展学生探索客观事物奥妙的内驱力——求知兴趣和求知情感，创设和营造有利于激发学生的求知兴趣、能够获得学习成功体验的心理氛围和教育环境，使学生在学习中不断地获得新的愉悦感。儿童的学习成绩不仅基于较高的智力，积极向上的学业情感也是重要的影响因素。

（四）增进主观幸福感的策略

1. 保持乐观自信的心态

拥有乐观而自信的心态是每个人持久快乐的基础，如果一个人在内心里对自己持否定的态度，认为自己不好，那么即使他有金钱和地位，也没有办法得到真正的快乐和幸福。相反，如果一个人肯定自己、相信自己，拥有乐观而自信的心态，那么他在任何情况下都不会对自己丧失信心，也不会对自己的生活不满意，这样的人自然就会有比较强的主观幸福感。

2. 做健康的人

做健康的人是个体获得主观幸福感的主要条件。选择一种健康生活方式，做健康的人，比请私人医生的作用更大，要想做健康的人，就必须要善待自己的身体，养成良好的生活方式；做到每周保证有一天能够抛开工作，让自己放松下来；做到保持合理的膳食结构，为身体提供足够的营养；做到尽量远离烟酒这类公认的对健康不益的物品；做到定期参加体育锻炼。

3. 积极改善人际关系

保持客观和理性可以达到幸福，高质量的人际关系，跟个人的主观幸福感息息相关。人们可以通过以下几种方法来改善自己的人际关系。

第一，培养自己良好的内在品质和品性。社会心理学家建议，要想维持和提高自己的持久吸引力，培养自己的良好品质和品性是比较重要的条件。

第二，积极增加社会交往，更多地与他人进行信息交流和情感沟通。在沟通过程中，尽可能采用积极的方式，如提供信息、面带笑容等，减少消极方式的使用，这样才能提高交往的有效性。

4. 有一定的爱好

个体只有拥有一定的爱好，精神才会有所寄托，心灵才有所附着。如果心灵毫无寄托，就难免深感寂寞，也无法避免忧闷，幸福感自然也就消失不见了。

5. 树立目标，学会乐观

幸福的人总是会不断地为自己确立一些目标，让自己清楚地知道为什么而活。当人为了某一目标而专注于某一活动时，它能让人处于一种愉悦的状态，让人感到被需要，给人以充实感。目标要高于现实，但又不可过高，应符合实际。能够激励自己而不构成较大压力的生活目标才是合适的。胸有目标，生活就不会迷失方向。幸福的人懂得如何将悲观转变成乐观，而愚蠢的人经常陷于悲观不能自拔。

6. 强化归因训练，增强成就感

成就感是指人乐意去做自己认为有价值的事，并力求成功的一种内在动因。具有成就感的人积极进取，自信心强，勇于接受挑战，面对挫折和困难能表现出较大的韧性和毅力。第一，创设成功情境，辅之正面评价。尝试完成新任务的最初经验是很关键的，但应遵循“小步子原则”，即将具有一定难度的任务分成几步去完成，使分解后的任务难度处于学生的“最近发展区”，让学生“跳一跳摘桃子”。由于学生的自我评价能力较低，教师应以正面评价归因为主，以增强学生的自豪感和自信心。适当降低对学生的预期目标值，多采用模糊化的评价，要宽容学生的错误，淡化学生的挫折感。第二，培养自我归因能力，形成积极归因风格。教师应帮助学生发展自我评价、自我归因的能力，逐步摆脱对他人评价的依赖性。一般而言，主要归因于自身内部因素（如能力、努力）的学生比主要归因于外部因素（如运气、任务难度）的学生，成绩更好些。所以，学生对自己的成败应进行客观、冷静的分析，更多地从自身内部而不是从外部寻找原因，注重对活动过程而不是对活动结果进行评价，逐步由外控向内控转移，培养控制感，摆脱无助感，增强自我归因的主动调节能力。

本书将培养幸福感的策略归纳为以下内容，如表 4-1 所示。

表4-1 培养幸福感的策略

领 域	策 略
人际关系	●与和自己相似的、能够友好清晰地沟通的、相互宽容谅解的人结婚 ●与大家庭保持来往 ●和少数人保持亲密的友谊 ●与熟人合作 ●参加精神活动
环境	●人身安全、经济保障、让自己和家人舒适，但不要卷入消费主义漩涡 ●定期享受宜人的气候 ●住在风景优美的地方 ●住在有悦人的音乐和艺术的地方
身体状况	●维持良好的健康状况 ●定期参加体育锻炼
生产力	●在富有挑战性的任务中运用本身有内在乐趣的技能 ●在有趣和有挑战性的工作中获得成功和证明 ●为内在一致的系列目标努力工作
休闲	●合理膳食，营养充足 ●休息、放松、适度休假 ●与一群朋友参加合作性的休闲活动，如音乐、舞蹈、身体锻炼计划、兴奋性活动（水上游览 / 冲浪）
习惯化	●对于想通过追逐物质满足而额外增进幸福的愿望，要承认对以前能够带来幸福的物质商品及状态的习惯化是不可避免的
比较	●对于与媒体意象进行消极比较导致的自尊降低，可以通过与你的直接的参照群体以及比你差的人们比较进行自我矫正，记住媒体意象的虚假性，检验媒体意象的来源和幸福的可靠性，设置与自己的能力和资源相匹配的现实的个人目标和标准

续 表

领　域	策　略
对同等收益和损失	●面对由对收益和损失的不对等反应而带来的失望，可以在面临较大的成功和胜利时只期望一个小小的幸福，而在面对小小的损失和失败时就准备接受自己的幸福有一个较大的降低
痛苦情绪	●面对抑郁，可以回避痛苦的情境。把注意力集中到这个情境中的不痛苦的方面。质疑那些悲观主义和完美主义的想法。让自己活跃起来，寻求支持 ●面对焦虑，可以质疑那些源于恐惧的想法，通过进入威胁性的情境来锻炼自己的勇气，使用应付方式来减少焦虑 ●面对愤怒，可以回避引发愤怒的情境，将注意力集中到困难情境中的不痛苦的方面，严正要求攻击性的人不要太过分，撤离并练习自己的移情能力

三、提高生活满意度

（一）生活满意度概述

就个体的生活体验来说，除了新生儿之外，每个人都有自己的过去，对于自己的过去，每个人都具有一定的满意度。满意度是建立在回忆的基础上的，是现在对过去的解释。人们需要正确地理解过去，获得对过去生活的满意度。

一个人生活满意的基准线就是所谓的生活满意点。有些人的生活满意基准线很低，基准线包含的范围相对就很窄，那么这些人对生活的要求就较为苛刻，对什么都不满意；而有些人的生活满意基准线很高，也就是这条线包含的范围很广，那么这样的人对自己的大部分生活都感到满意。也有人把生活满意点称为生活满意的回归线，这就是说，当一个人经历一件消极事件之后，他在短时期内可能会感到沮丧，但过了一段时间后，他的心理状态又会回到原来这条基准线附近。反之，当一个人经历了一件快乐的事后，他在短时间内也会处于较为快乐的心理状态，但一段时间之后，他的心理状态也会回到这条基准线附近。

个体过去的生活经历与其先天的某些生物特性相结合构成一个人的生活满意点，不同的生活满意点对人们的现在和将来都发挥重要作用。不同的人之所以有不同的生活满意点，主要有以下两个原因。

（1）各自先天的生物因素不同，这一因素是古人早就为人们预先分配好的，人们也许能对其施加一定的影响，但在人们的有生之年肯定不能对其进行大的改变。

（2）人们的生活经验也会以某种方式被人们整合到生活满意点中。

但需要注意的是，生活事件本身的性质并不能直接影响人们的生活满意点，只有当某一生活事件被人们大脑进行加工时，伴随着加工过程人们会产生相应的情绪体验，这一情绪体验才会影响人们的生活满意点。人的情绪体验具有主观性，也就是说，人们可以以自己的方式感受一定的外在事件，如人们既可以用积极的态度也可以用消极的态度对待外界的同一事件。当然，这一过程要排除那些极端的事件，这些事件可以不经过大脑有意识的加工就直接影响人们的生活满意点，因为这些事件与人们的原始情绪相关，直接关系到人们的生存，所以它们几乎是自动地使人产生相应的情绪。

个体的生活满意点会随着个体生活体验（一定是长期的）的不同而发生一定的变化。例如，当个体长期处于满意或不满意的状态时，就会对满意或不满意的状态视而不见，无动于衷，不再表现出原来的满意或不满意体验。也就是说，即使再有原来相同的事件出现，个体也已开始不再产生原来的那种满意感或不满意感。

（二）生活满意度的主要特点

1. 主观性

生活满意度的评价主要依赖个体设定的标准，而不是他人或外界的标准，一个人对自己的生活满意与否只有自己的体验最真实，因此生活满意度评价具有很强的主观性。主观生活满意度评价受到来自被观察者的社会经历、知识背景等各方面的影响，从一定意义上说并不容易得出有客观标准的评价体系。有相似评价的个人可能来自不同的环境，而生活在相同环境中的人们也会对同一指标有着不同的主观评价。个人对生活的期望值越高，生活满意度越低；反之，个人对生活的期望值越低，生活满意度越高。生活满意度可以看作一种心理感受，与人的心理欲望等因素相关。

2. 整体性

生活满意度评价不是对生活中的某个狭隘领域进行的单独评价，而是对生活的总体状况进行的综合评价，包括经济状况、婚姻家庭、学习工作、健康等外在因素以及社会支持和认可等内在因素，因而能够从整体上反映个人的生活状态和满意程度，是一种综合的心理指标，具有整体性。

3. 相对性

满意与不满意没有绝对标准，更多的是通过比较才得出满意的程度。比如，与他人的比较对居民的生活满意度有显著影响。生活满意度高的居民认为自己的生活水平高于亲戚，低于同事。但是如果与其他接触频率较少的人比较，则对居民生活满意度不会有显著的影响。此外，对自身社会地位的评价也会影响居民的生活满意度。认为自己社会地位较低的人则会有较高的生活满意度，但是认为自己社会地位较高的人则有较低的生活满意度。再者，个人与社会的观点对公民生活满意度也有显著影响。认为他人的幸福和为社会做出重要贡献的人，生活满意度高，反之则低。由此可见，居民生活满意度受集体观影响比较大。

生活满意度还具有相对的稳定性。相对稳定性源于整体性的特点，正是因为不是对单个事件的评价，从而受特殊事件引起的短期的积极情绪或消极情绪的影响较小。不仅在空间上具有这样的综合性，还在时间上有一定的跨度，与人们对过去、现在的感受和对未来的理想都有较强的关联性。主观生活满意度在一定时间内是一个相对稳定的值，它不随时间的推移或环境的改变而发生突然的变化，具有相对稳定性。

（三）生活满意度的调试途径

在积极情绪状态下，采取情感分享、放纵、维持、适当收敛、表露等方式，会进一步提高人们的正性情绪，因而其与生活满意度之间呈正相关；当面临负性情绪时，认知重评可以使个体换一个角度思考问题、解决问题，因而这种方式有利于个体从消极情绪中脱离出来；转移注意力的方式能使个体想象开心的事情，逃避伤心的情绪，从而减少悲伤的体验；又或者采用自我激励的方式，做一些自己平日不敢“想”的事情，比如“买看中很久的东西奖励自己”“尽情地购物或者逛街”等行为也许会进一步激发人们的正性情绪，进而提高生活满意度。

避免不良的调节方式有升华、发泄、压抑、放松。在积极情绪状态下，升华这种调节方式虽然可以把积极情绪转化为行动的力量，进一步做出有利于个体的行为，但是，在这种情况下，个体没有充足的时间去体会积极情绪。因此，升华这种调节方式与生活满意度呈负相关。当面临负性情绪时，发泄这种调节方式虽然可以把心中的消极情绪发泄出来，但它的结果常常是负面的，如打人、骂人，会造成人际关系上的消极影响，摔打东西会损坏财物等，这会进一步加剧负性情绪。所以，这一调节方式与生活满意度呈负相关。而将痛苦压抑在心中以及默默地体验痛苦，沉浸其中，都会使负性情绪积累，因而这种调节方式也与生活满意度呈负相关。放松这种调节负性情绪的方式同样与生活满意度呈负相关，这只是一种暂时性调节情绪的方式，可在一定程度上调节负性情绪。

第三节　积极的爱——以大学生恋爱为例

一、大学生的恋爱动机

恋爱是异性之间在生理、心理和环境因素交互作用下，互相倾慕和培植爱情的过程。恋爱具有一定的动机，具体来说，大学生的恋爱动机主要有以下几个方面。

（一）对爱情的向往

随着大学生性生理和性意识的成熟，逐渐萌发了对爱情的向往和追求。许多大学生有这样一些想法，如觉得恋爱会使自己尽早享受到爱情的喜悦；在大学谈恋爱选择余地大；不趁早谈恋爱将步入大龄青年的行列；恋爱能使自己得到异性的保护；等等。另外，模仿、从众为求心理平衡也是大学生急于恋爱的重要原因。有些大学生看到周围的同学成双成对，生活有情调，自己也向往那样的生活，因此为了满足这种心理而与他人谈恋爱。

（二）异性的吸引与好奇心的驱使

在大学阶段，大学生正处于探寻自我与世界的阶段，他们对未知的事物充满了新鲜感，对异性也产生了好奇、亲近的心理需要。另外，异性的容貌、体态、风度、谈吐以及才能等也具有较大的吸引力。这驱使大学生常常观察和接触异性，并对异性表现出关注、友好的态度。许多大学生很享受异性对自己的赞美和青睐，并喜欢在异性面前显示自己的风度、知识和才干，以博得异性的好感。异性朋友对自己的点滴评价都会铭记在心，具有较强的敏感性。对于部分大学生来说，这种渴望了解异性以满足自己好奇心的心理是促使其谈恋爱的关键因素。

（三）寻求精神补充和感情抚慰

许多大学生是第一次远离家乡、父母、朋友，到异地读书，可以说是进入了人生的“第二次断乳期”。有些大学生不能很快适应大学生活以及当地的文化习俗，对自己的生活、学习没有坚定的信念，加之人际关系复杂，因此常常感到精神空虚、孤独寂寞。在这种情况下，他们就想谈恋爱，借助爱情来弥补空虚的心灵。

二、大学生恋爱心理的特点

大学生在恋爱过程中会呈现出特有的恋爱心理特点，对其恋爱行为以及心理健康产生一定的影响。一般来说，大学生的恋爱心理呈现出以下几个鲜明的特点。

（一）纯洁性

大学生的恋爱相比成年人的恋爱较为纯净、美丽，有时甚至较为单纯。他们在恋爱时基本上没有现实生活的压力，只要认认真真地恋爱就可以。因此，他们在选择恋人时更重视精神层面的相互认同，对世俗生活中的物质交换、门当户对等通常不会太在意。这表明，大学生的恋爱具有纯洁性的特点。

（二）浪漫性

大学时代正是大学生追求浪漫的时期，浪漫性是大学生恋爱表现出的最大特点。这主要受影视传媒的影响，一些有关爱情的影视剧、报纸杂志渲染浪漫的爱情，再加上课余看一些唯美或浪漫的爱情剧，使得这些从紧张的高中学习中解脱出来的大学生对爱情产生了浓厚的兴趣，跃跃欲试的心理较为强烈，他们在恋爱过程中对爱人产生深情的依恋和幸福的畅想，往往会把对方想象得很完美，认为对方身上集中了世上所有的优良品质，是理想形象的现实化。这表明，大学生的恋爱心理具有浪漫性的特点。

（三）排他性

恋爱中的大学生往往会产生对意中人的专一执着、忠贞不渝的心理特点，即不希望其他人介入自己与恋人的亲密关系之中，并本能地抗拒他人亲近自己的恋爱对象。大学生恋爱心理的这一特点，对于维系爱情的稳定和长久具有重要的作用。

（四）自主性

如今的大学生有一个较为明显的特点即自主性增强，他们重感情，不受传统习俗的约束，受家庭的束缚和影响变小，再加上自身较为成熟，所以他们在恋爱问题上更加自由，不受传统婚恋观的限制，只要两情相悦，就会大胆恋爱。

（五）多样性

现在大学生恋爱的目的越来越多样化，单单因为喜欢而恋爱的越来越少，部分大学生在恋爱过程中夹带了很多其他非感情的因素，如“孤独”“体现自我”等恋爱动机。这表明，当前大学生的恋爱心理变得日益多样化。

三、大学生恋爱心理的发展阶段

一般来说，大学生恋爱双方从相识到确立恋爱关系，大致经历偶像勾勒期、心理认同期、初恋期、热恋期和苦恋期五个发展阶段。

（一）偶像勾勒期

由于心理发展以及社会因素的影响，使进入青春期的大学生对异性产生好奇、爱慕、接近的心理，为异性所吸引。部分学生考上大学后有一种轻松感，在此之前那种朦胧的幻想逐渐变得清晰。随着与异性交往的增多，按照自己的价值观、兴趣爱好、性格、气质、个人生理条件等各方面因素在心目中逐渐勾勒出理想异性的轮廓，形成了自己的择偶标准，并在学习、生活、交往中通过互相了解而建立友谊，从中寻找自己心目中的偶像。在这个阶段，大学生心目中对理想对象的幻想色彩较为浓厚。

（二）心理认同期

首先，男女双方出现“友爱的交谈”，包括交谈孩提时期的事情、彼此的家庭情况和有关友谊和学习的看法等；其次，“互相呈现内心世界”，包括互相解除烦恼、展示不被亲人所知的一面，进而在“渴求联系的行动”方面表现为寂寞时互相安慰。另外，在其他行动上表现为“相互帮助”“互赠礼品”。

（三）初恋期

“渴求联系的行动”增加，包括没有什么事情也要见面或者打电话；在“共同行动”方面包括约会、购物、互相拜访住处；在“向第三者介绍”时将对方作为异性友人向同学、朋友介绍；在“性行为”方面有牵手行为；在“纠纷”上表现为吵架。

（四）热恋期

“渴求占有对方的内心世界”逐渐强烈，这时看对方总感到完美无缺，对一些问题的看法往往较为一致；在“向第三者介绍”时将对方作为恋人向同学、朋友介绍；在“共同行动”上表现为寻找单独相处的机会；在“性行为”方面有接吻和拥抱行为；在“纠纷”上表现为想分手。

（五）苦恋期

经过热恋期的情感高峰体验之后，理性开始唤醒，谈论的话题从海阔天空回到了现实。到了高年级，家庭对其恋爱的态度、社会的舆论、未来就业去向等一系列现实问题迎面而来，双方都开始用更为现实的标准审慎地看待对方，彼此的一些缺点逐渐暴露出来，对双方在性格上的不合、兴趣上的差异、生活习惯上的不一致以及在交往中行为的失当等表现出失望，于是双方可能会出现一些观念差异。

四、大学生健康恋爱心理的培养

（一）树立健康的恋爱观

恋爱观是指人们对待恋爱问题所持的基本观点。健康的恋爱观对大学生来说较为重要，它是大学生品尝爱情甘露和事业硕果的关键，对大学生的成才也将起到较大的推动作用。通常来说，健康的恋爱观主要包括以下几方面的内容。

1. 正确的恋爱态度

通过人们对待爱情的态度，可以折射出人的精神境界和道德情操。因此，大学生要以正确的态度对待爱情。具体来说，大学生的正确恋爱态度是通过以下几个方面表现出来的。

（1）要尊重恋人。恋人之间的相互尊重、相互理解是恋爱成功的保障，是婚姻幸福的土壤。离开了尊重和理解，爱情之树就会枯萎。

大学生在恋爱过程中要学会尊重对方，尊重对方的工作、学习、家庭；尊重对方的兴趣、爱好、特长；尊重对方的行为方式、生活习惯；尊重对方的人格和尊严。要在相互尊重的基础上培养平等、纯真、高尚、美好的爱情。

（2）对待恋人专一。恋爱关系一旦确立，双方在享受恋爱的幸福的同时要承担恋爱的义务，即自愿地、全心全意地、忠贞不渝地去爱对方。忠贞是爱情心理结构中基本的、重要的心理因素，也是爱情成功的基础。在爱情上不忠贞、不专一的人，不仅得不到纯洁的爱情，还很难成为品德高尚的人。因此，大学生要用高尚的思想情操去追求至真、至善的爱情生活，培育纯洁、崇高、永恒的爱情。

（3）对待恋人真诚。在恋爱中彼此应该诚恳相待，把自己的优点、缺点、思想、性格、理想、爱好和其他情况如实地告诉对方，不加掩饰和隐瞒。这样既有助于增进对方对自己的了解，也可以获得对方的信任，为爱情奠定基础。如果用欺骗手段骗取爱情，终归要自食其果。彼此诚恳坦白，十分重要。男女双方在爱情上的忠诚和相互信任是巩固和发展爱情、建立美满婚姻的必要条件。当爱情关系一经确立，它就给相爱的双方带来一种义务，即自觉自愿地、尽心竭力地、矢志不渝地去爱对方。这种爱不只是口头上的山盟海誓，也不是仅仅表现为强烈的感情流露，而是要尊重对方、帮助对方、关心和照顾对方。大学生要互相鼓励和帮助对方学习和工作，要求对方上进，为了对方的进步和幸福，能做出自我牺牲。

（4）要理解和信任恋人。恋人之间贵在相知。没有理解和信任，互相猜疑、互相设防，美好的爱情就会失去光彩。因此，恋人之间要襟怀坦荡、光明磊落，用理解和信任去浇灌、培育爱情，使爱情之树常绿。

2. 健康的恋爱心理

大学生健康的恋爱心理，具体来说包括以下几个方面。

（1）追求思想感情的一致。思想感情一致是爱情的思想基础。文化的“门当户对”是指双方思想感情的相通相融。男女之爱包含着丰富的内容，其中既有自发性，又有自觉性；既有欲望，又有克制。爱情是感性及理智的结合，是生理、心理美感和道德的体验；思想感情的统一，理想信念的合拍，才能使恋爱双方水乳交融、甘苦与共，携手走过人生的风雨历程。

（2）恋爱动机要健康纯洁。恋爱的目的不是寻找生活刺激、慰藉空虚的心灵、满足性的欲望、追求物质利益等，而是为了寻求志同道合、白头偕老的终身伴侣。恋爱动机是否健康、纯洁，直接关系到恋爱是否能够成功，是否能够建立幸福美满的家庭。只有建立在高尚纯真的爱情基础上的恋爱才能够在生活的征途中风雨同舟、患难与共。

（3）心理相容。心理相容有两层含义：一是指恋爱双方品质、情操、价值取向的一致性；二是指能宽容对方与自己的差异性。

恋人之间的心理相容是恋爱成功的心理背景。心理相容可以巩固和发展爱情。一对恋人如果彼此心里相容，就能体验到欢乐、幸福与美好，否则就会感到痛苦、惆怅与失望。双方心理相容的程度越高，爱情就越和谐，婚姻就越美满，其中恋爱双方的观点、信念、情操与感情是否一致是决定心理相容的重要因素。

这里所说的心理相容，并不是要求两个人的兴趣、爱好、性格、气质等的心理特征必须一致，而是指双方是否有共同的理想和志向，是否具有高尚的品德和情操，是否能够相互理解、相互承认、相互弥补、相互影响来取人之长补己之短等。

3. 恰当的恋爱方式

在恋爱过程中，选择什么方式表达爱情，不仅反映了人的道德情操、思想修养，还对恋爱的成败起着至关重要的作用。因此，大学生在恋爱过程中必须形成恰当的恋爱方式。

（1）准确把握感情的分寸。在恋爱过程中，由初恋到产生真正的爱情要有一个培养和发展感情的过程。一般来说，成功爱情的形成要经过一个由低到高的发展，即由同志感情到友谊，最后再发展到爱情。而超越恋爱感情发展阶段的“飞跃”而成的爱情，缺乏真正的了解和认识，缺乏必要的感情基础。因此，在恋爱过程中，恋爱双方要准确把握恋爱中感情的分寸，既不要在“不到火候”的情况下做出过分亲昵的举动，也不要时机成熟时关起感情的闸门，使对方产生误解，以致错失良机，影响爱情的进一步发展。

（2）要文明地表达爱情。高尚纯真的爱情需要在表达爱情的方式上讲究文明。人是社会的人，人的一切言行必须符合正确的社会规范和社会环境，为社会所认同和接纳。青年大学生在对对方爱意的表达上也应如此。男女间表达感情的方式有高雅与粗鄙、健康与庸俗、含蓄与放荡之分。高雅、健康、含蓄的感情表达方式给人以美的感受，使双方的人格更加崇高，灵魂得到净化，从而使人成为真正意义上的人。

（二）正确对待爱情在生活中的位置

正确对待爱情在生活中的位置，首先，要摆正爱情在人生中的位置。没有爱情的人生是不完美的，但爱情不是人生的根本目的，只为爱情而活着是苍白的。人生的主宰应当是事业。在择偶方面，大学生也应把对方有无事业心和拼搏精神作为择偶天平上的重要砝码，把爱情的幸福寄托于事业的奋斗中。其次，要摆正爱情在大学生活中的位置。大学生应该认识到，在短暂的大学学习阶段，学业才是第一位的，要树立崇高的理想和远大的目标，克服爱情至上的观点；要明确在终身学习的时代，大学的学习与未来的事业息息相关，也是爱情和未来婚姻美满的基础。此外，大学生也应学会正确处理恋爱与集体活动、社会工作的关系，学会正确处理恋爱与团结其他同学的关系。

（三）培养爱的能力

爱是一种能力，也是一种艺术。因此，只有掌握了爱的艺术，具备了爱的能力，才会正确地面对和处理爱情。培养爱的能力，大学生可从以下几点入手。

1.识别爱的能力

对于渴望爱情的大学生来说，学会识别爱的真伪，是迎接爱情的必要准备。为此，大学生必须要明确，好感是一种知觉性的且比较浅表的感情。与爱情并不等同，好感有可能会发展为爱情，但也可能不会发展成爱情；感情冲动并不是爱情，往往会做出让自己后悔的事情。

2.表达爱的能力

一个人在对某一异性产生了爱并进行了理智分析后，就应该勇敢地、用正确的方式对其进行表达，以免错过爱情，这就是表达爱的能力。在表达爱时需要信心和勇气，也需要选用恰当的语言与方式，还要做好被拒绝的心理准备。

3.接受爱的能力

这里所说的接受爱的能力，指的是一个人在面对他人的爱意时，能够及时进行准确的分析与判断，继而表明自己的态度，或接受或拒绝，或再观察。

一个人若是缺乏这种能力，要么把握不住真爱，要么匆忙地接受不适合自己的爱，继而使自己和他人都受伤。因此，大学生必须要培养自己接受爱的能力。

4. 拒绝爱的能力

一个人在面对自己并不希望得到的爱情时，能够理智地拒绝，这便是拒绝爱的能力。

爱情是不能勉强的，因而一个人在面对爱情时必须要具有拒绝爱的能力。一个人若是缺乏这种能力，在面对自己并不希望得到或是不适合自己的爱情时，便无法做出正确的决策，继而对两个人都造成严重的伤害。

虽然每一个人都有权利拒绝自己不想接受的爱情，但是对每一种真挚的感情都予以尊重是对他人的尊重，也是个人自重的行为。因此，在拒绝他人的爱时，要注意采用恰当的方式，切不可对他们的心理造成伤害。

5. 发展爱的能力

发展爱的能力，并不是要具体到对某一异性的爱，可以是更广意义上的爱。例如，亲人、同学、朋友、祖国和人民，都值得我们去热爱。具体来说，发展爱的能力就是培养人们无私的品格和奉献精神，或者说是一种牺牲精神。发展爱的能力，还要培养善于处理矛盾的能力，有效地化解恋爱和家庭生活中的矛盾、纠纷。从恋爱到结婚，是爱情生活的转折，爱情从浪漫变得实际，从炽热变得冷静；如何使家庭不成为爱情的坟墓，如何使爱情不断更新、不断发展，这都需要有发展爱的能力。大学生在培养自己发展爱的能力时，可具体从以下几方面着手。

第一，在爱情的发展过程中，双方要有意识地培养自己的人格魅力，要不断地丰富自己，增强相互的吸引力。

第二，在爱情的发展过程中，双方要保持自己独特的个性，不能让自己活在对方的影子里，但同时要与对方和谐相处，两心相悦，以互补为美。

第三，在爱情的发展过程中，要不断提高处理各种问题的能力，要学会互相理解和体谅，在双方出现矛盾时要进行有效的沟通，有建设性地处理冲突。

第五章　压力管理与挫折应对

第一节　压力与挫折概述

一、压力概述

（一）压力的界定

心理学上所说的“压力”通常有三种含义：一是指现实存在的具有威胁性的刺激，即压力源；二是指人对压力事件的反应，即压力反应；三是威胁性刺激带来的一种被压迫的主观感受，即压力感。学者车文博认为，心理压力是指人们在日常生活中经历的各种生活事件，突然创伤性体验、慢性紧张（学习压力、家庭关系紧张）等导致的一种心理紧张状态。郭念峰认为，压力是压力源和压力反应共同构成的一种认知行为体验过程。

（二）压力源的分类

压力源是指个体面对的具有威胁性刺激情景，它是一种客观存在。生活中的任何改变都有可能成为压力来源。压力既可能来自内部，也可能来自外部环境；既可能来自生理方面，也可能来自心理方面，压力源大致可以分为以下几方面：

1. 生物性压力源

这是一组直接阻碍和破坏个体生存需求的事件，诸如躯体创伤、睡眠剥夺、噪声、气温变化等。如果突发的灾难性和创伤性事件都是消极的、无法控制和预测的，会给个体带来难以预料和控制的压力。创伤性事件发生时，个体通常会出现应激状态，产生强烈而持久的消极情绪体验，这种情绪反应可能在灾难后立即发作，也可能在数月或数年后发作，变成慢性综合征，甚至造成严重精神障碍。

2. 社会性压力源

这是一组直接阻碍和破坏个体社会需求的事件。社会性压力源分为两大类：一是纯社会性的，如环境污染、人口过剩、交通拥挤、艾滋病威胁、恐怖主义活动、被监禁等社会事件都会给人造成累积性的影响，成为生活中的压力源；二是由自身状况（如个人心理障碍、传染病等）造成的人际适应问题（如恐人症性、社会交往不良）等。

3. 精神性压力源

这是一组直接阻碍和破坏个体正常精神需求的内在事件和外在事件。精神性压力源包括错误的认识结构、个体不良经验、道德冲突及长期生活经历造成的不良个性心理特点等。

现实生活中，多数压力源都涵盖以上两种因素，特别是精神性压力源和社会性压力源，有时是浑然一体的状态，必须把压力源作为有机整体加以考虑。

二、挫折概述

（一）挫折的定义

挫折是指个人从事有目的的活动时，由于遇到阻碍和干扰，需要得不到满足而表现出的一种消极情绪状态。

从定义上看，挫折包括三方面的内容：①挫折情境，其指存在着的动机不能实现、需要不能满足的干扰情境，如班干部竞选失败、面试没有通过等；②挫折认知，其指对挫折情境的知觉、认识和评价，这种认知与评价的过程存在着很大的个体差异；③挫折反应，其指在对挫折认知评价的基础上，产生情绪或行为反应。

以上三方面内容的关系为，挫折情境（真实的或想象的）引起挫折认知，进而产生挫折反应，挫折认知起着重要的中介作用。故挫折反应的性质及程度，不单纯决定于挫折情境障碍的大小，而往往取决于对挫折情境的认知判断。因为只有当挫折情境被主体感知时，个体才会在心理上产生挫折反应。如果出现了挫折情境而个体没有意识到，或者虽然意识到了但并不认为很严重，那么也不会产生挫折反应或者只产生轻微的挫折反应。例如，甲、乙均遇到了竞选班干部失败这一情境，甲认为自己很失败，挫败感很强烈；乙则认为无所谓，只要参与了、锻炼了自己就好。在不同的挫折认知作用下，两个人产生的反应也明显不同，前者可能引起强烈沮丧、郁闷等情绪反应，而后者则可能反应很微弱。

（二）挫折的意义

在遇到挫折的时候，人们的第一反应通常是把挫折当作绊脚石，认为自己怎么那么倒霉，别人都那么顺利，怎么就偏偏自己遇到这样的事情，牢骚抱怨很多。挫折真的那么令人厌恶吗？其实每个人在成长过程中，必定会遇到各种各样的危机与挫折，这些危机与挫折在给人带来较大心理压力与情绪困扰的同时，给人带来了成长的契机。人们只有在承受和克服挫折的努力中，才能发现自身的不足，进而发挥潜力，学习新的技能，逐步完善自我。挫折的积极意义如下。

1. 挫折能提高人的认识水平，增长才智

知不足而后学，学好后再去用。如此反复，有助于个体的认识水平不断提高。同时，吸收经验教训，改变策略，也会提高个体解决问题的水平。因此，挫折能促使大学生积极总结经验，学会反省、思考、总结、探索、创造，进而不断提高认识水平、增长才智。

2. 挫折能增强个体的承受力

人们对挫折承受力的大小与其过去生活中的挫折经验相关。当代大学生大多是独生子女，从小备受父母呵护，成长的道路一帆风顺，对挫折的承受力较弱；而来到大学，不得不离开父母的保护，也就不可避免地要遭遇挫折。所以，挫折也为大学生提供了锻炼意志力、提高承受力的平台。通过一次次勇敢地面对挫折，大学生可以逐步提高自己的挫折承受力，逐渐磨平身上过于尖锐的棱角，去掉以前的自以为是，虚心向别人学习，汲取他人的长处，变得坚强、坚韧、谦逊、谨慎，也为步入社会和迎接社会各方面的挑战奠定了心理准备。

3. 挫折能激发人的进取精神

在复杂的现实生活中，成功和失败并不是绝对的，两者之间仅一步之遥，可能此时的失败就与彼时的成功相联系。如果拒绝失败，实际上也就拒绝了成功。挫折可以燃起人的热情，激发人的潜力，而使他达到成功。有本领、有骨气的人，能将“失望”变为“动力”，像蚌壳那样，将烦恼的沙砾化成珍珠。不经历风雨，怎能见彩虹？没有失败的人生绝不是完美的人生。当你战胜失败的时候，你会对成功有更深一层的感悟。就是在这一次次的感悟中，不断激发自我的进取精神，走出一个完美的人生。

4. 挫折能磨砺大学生的意志力

“宝剑锋从磨砺出，梅花香自苦寒来。”只有具备百折不挠精神的人才能取得成功。从未受过挫折打击的人，往往在情感上很脆弱，一次微不足道的打击也可能将其置于死地。但经历过挫折且真正从挫折中走出来的人，往往变得比原来坚强。纵观历史，那些出类拔萃的人，大都是历尽艰辛、在挫折中磨炼出坚强的意志、在逆境中不懈奋斗的人。例如，歌德因初恋失败，于是写下《少年维特之烦恼》；屈原被贬而写《离骚》；司马迁因宫刑而著《史记》……这些都是化悲愤为力量的典范，是心灵的升华。任何事物都有两面性，挫折在给人们带来压力和烦恼的同时，是人们人生中的一笔财富。

（三）常见的挫折种类

1. 缺乏性挫折

缺乏性挫折主要指当人们无法拥有自己认为较为重要的东西时，所体验到的一种挫折感受。一般说来，缺乏性挫折主要包括物质、能力、生理条件的缺乏、经验的缺乏和感情缺乏等。

2. 损失性挫折

损失性挫折主要指失去了原来所拥有的东西而引起的心理挫折。失恋、离异、亲人死亡等都属于严重的损失性挫折。

3. 阻碍性挫折

阻碍性挫折指那些在人们需求和目标之间所出现的阻碍或障碍，从而给人们所带来的心理挫折，这种挫折可以是物质的，也可能是观念的、心理的。

（四）影响挫折感的因素

影响挫折感的原因很多，主要体现在以下三个方面：

1. 动机强度

挫折的产生与否和个体的需要、动机等因素密切相关。

2. 自我期望值

期望与现实之间都有一定的差距。如果不从实际出发，只考虑主观愿望，人为拉大两者距离，就会产生挫折感。

3. 挫折容忍力

挫折容忍力即对挫折的适应能力，是指受到挫折时避免行为失常的能力。挫折容忍力影响着人们对挫折的感受程度。一般受四种因素的影响：

（1）生理因素：疲倦、睡眠不足和饥饿的人更容易体验到挫折感。

（2）过去的经验与学习：生活阅历丰富、饱经风霜的人，从小受到适当教育和训练的人，学会了摆脱挫折技巧的人，挫折容忍力较高。

（3）对挫折的知觉判断：认识不同对同一事物的态度、所造成的打击、压力、威胁也就不同。

（4）人格因素：情绪不稳定的人、意志薄弱的人、在童年时遭受冷遇的人或受到溺爱的人，容易遭受挫折。

第二节 大学生压力、挫折的特点及其对学生心理的影响

一、大学生压力的特点

（一）丰富性

大学生的压力多种多样，有人际交往压力、学习压力、就业压力、生活适应压力、恋爱压力等。在大学期间，大学生可能同时面临多种压力。这要求大学生不要把压力问题简单化，要看到大学生压力的丰富性。

（二）差异性

不同的大学生在某个时间段具有的压力是不同的；同一个大学生在不同时间段，面临的压力也可能是不同的。

（三）情境性

大学生在面临相同情境时，大多具有相同的压力。然而时过境迁，压力也大多消失。

（四）普遍性

大学生压力还具有普遍性。例如，大一时，部分大学生具有人际交往压力、学习压力、生活适应压力；大四时，部分大学生具有就业压力。

二、大学生挫折的特点

（一）心态迥异性

大学生面对挫折的心态有着明显差异性。因为每个人的生活经历、人生境遇和心理状态都影响着他们对挫折的感受程度。

（二）频率、强度差别性

大一的挫折强度较强。大四学生在挫折频率、强度方面也明显高于大二、大三年级。大二、大三年级学生受到的挫折频率、强度基本相同。

三、压力和挫折对大学生心理的积极影响

（一）压力对大学生心理的积极影响

1.注意力集中

在适度压力的状态下，大学生认识到当前任务的重要性，因此大学生注意力高度集中，指向于当前任务。

2. 知觉迅速

在适度压力的状态下，大学生改变了平时做事慢的习惯，知觉迅速，效率提高。

3. 思维敏捷

大学生在适度压力的状态下，情绪高度唤醒，有利于思维活动的展开，能够敏捷地思考问题。

4. 提高心理承受能力

大学生在经历了适度压力后，适应了压力刺激，各种心理品质都得到了锻炼，因而提高了心理承受能力。

5. 增强自我意识

大学生通过适度压力能够更好地评估自己，知道自己哪些可以做好，哪些还需要进一步改善，由此自我意识能够进一步增强。

（二）挫折对大学生心理的积极影响

1. 挫折能提高人的认识水平

“吃一堑，长一智。”人类就是在总结失败经验的基础上不断进步的，每个成功的人背后都要经历无数次的失败。人们遭遇挫折后，如果能勇敢地面对它，积累应对挫折的经验，就降低了以后受挫的可能性。意志坚强的人面对挫折和失败，能积极总结教训，反思自己的认识过程，找出不足，采取措施，从而提高自己的认识水平和解决问题的能力。

2. 挫折能激发人的活力

人在适度紧张和面对压力的情况下，常常能最大限度地激发身心潜能，使自己的知识经验、能力技巧和智力能力达到激活的状态，身体内会产生一系列的生理反应，释放出更多的能量来面对当前的危机。这时人的注意力更加集中、思维更加敏捷、反应速度更快、力量更大，从而有利于冲破阻碍，实现目标。

3. 挫折能促使人修正行为目标和处事方法

挫折犹如一剂清醒剂，它常常在个体偏离目标或脱离实际时亮起红牌进行警告，使个体清醒过来。工作中出现了差错，很可能是自己的知识和能力有缺陷；遭遇别人的猜疑和压制，很可能是在处理人际关系时自己不够注意方法；考试不理想，很可能是放松了对自己的要求。正是由于挫折，人们看到了自己的不足和缺陷，从而把挫折和危机看成促使自己奋发的动力，使自己不断地进步，变得更加优秀。

第三节　压力管理与挫折应对的策略

一、压力管理概述

面对压力引发的种种问题，压力管理随之而来。压力管理更注重方法，适当的压力，有效的压力管理方式会促进个体更好地发展。

（一）压力管理的概念

所谓压力管理，是指针对可预见的压力源进行必要的干预，以维护身心健康，提高问题处理的效率，保证学习生活目标顺利实现的管理活动。

压力管理可分为两部分：一是针对压力源造成的问题进行管理；二是对压力的反应，如情绪、行为、生理等方面的反应所引发的问题进行管理。

（二）压力管理与压力应对

管理和应对是一个问题的两个方面，是两个不同的概念。管理体现的是人的主观能动性，应对体现的是人的被动适应性。压力管理不是简单的压力应对，压力应对是指当压力对人们可能造成伤害时，用一些方法或技巧以减少压力带来的消极影响。压力应对具有事后性和被动性，而压力管理则带有一定程度的主动性和积极性，它包含压力应对。为了有效地进行压力管理，应了解压力管理的过程、策略和具体方法。

（三）压力管理的成效

压力管理的成效取决于三个方面。一是压力源本身的性质与特点，即单一性还是复合性，一般性还是破坏性。二是社会支持系统。当个体具有较强的社会支持系统时，可以得到较多来自社会支持系统的帮助，便于较好地进行压力管理。相反，社会支持系统薄弱的人面对压力时会很沮丧，有一种独自面对困难的悲伤。三是个体的身心特点。主要包括性别、年龄、体魄强壮与否等生理因素，以及认知风格、性格倾向、情绪状态、人格特征、自我概念等心理因素。

二、大学生的压力管理

大学生在不同的阶段会面临着各种不同的压力，若管理不好，可能击垮一个人的心理、身体甚至生命。每个大学生都有自己独特的人格特征和外在压力环境，需要找到适合自己的压力管理方式。

（一）大学生压力管理的步骤

1.压力觉知

可以把压力的消极影响所产生的各种症状当作预警信号来诊断自己是否压力过大。这样便于有针对性地缓解压力。如果认识不到压力的根源所在，就不可能解决问题。

2.压力诊断

大学生遇到压力容易出现的误区：夸大问题的严重性；看不到事情积极的一面，忽略问题带来的正面效应；低估资源可获得性与协助程度；内心的罪恶感、自卑感或厌倦感。很多时候，压力并不像大学生所想象的那样重，之所以压力显得较重，往往由于大学生存在上述误区所致，因此对压力进行客观诊断是有效进行压力管理的重要一步。

3.压力缓解

明确了压力的根源所在，具体问题具体分析，努力争取较为有效的方式处理问题，将负面压力转变为正面动力。

（二）大学生压力管理的策略

1.构建并利用多元的社会支持系统

社会支持系统是指个体所处的社会、家庭、亲友等关系网络，强大的社会支持系统可以在精神和物质上对个体提供支撑和帮助，是个体战胜压力的强有力的后盾，它可以增强个体的勇气和信心，使个体勇敢地面对挑战，从而解决问题。为了避免自己在压力面前孤独无依，就要构建多元的社会支持系统。构建社会支持系统应做到以下几点。一是学会尊重他人。尊重周围的人，与周围的人建立良好的人际关系，是构建社会支持系统的要求。二是善于结识新朋友。包括与同学建立起亲密的友谊，结识人生的导师等，这位导师既可以是你的老师，也可以是其他长者或朋友。三是与他人坦诚交往。遇到压力，适时向亲人、朋友、同学和老师敞开心扉，坦诚地向他人求助并倾诉，以寻求有效帮助。

2. 觉知并调整不良的生理状态

生理状态是压力较为直接的指标。有效的压力管理，要求人们要有压力意识，能够敏锐地觉察压力的信号，及时调整不良的心理状态，建立压力预警机制。一是学会控制不良的生理指标。例如，心跳加速、血压升高、呼吸加快等，如果身体出现了这类信号，应及时感知并提高生理指标控制力，这也是一种自我的觉知能力。二是有意识地觉知自己的不良情绪，记住自己面临压力时的反应并锁定这些反应指标，如果下次再产生这些反应信号时，便能保持警惕。三是经常进行机体的放松训练。放松训练是通过一定的练习程序，学习有意识地控制和调节自己的身心活动，以达到降低机体唤醒水平的目的，调整因紧张而紊乱的身心功能，从而使机体内环境保持平衡与稳定。

3. 减轻和消除心理负担

压力即便是一种本能反应，也足以使人身心疲惫。因此，必须及时消除由压力带来的紧张和焦虑。一是理性辨别和积极归因。对你所面临的压力源进行冷静思考和客观分析，找出问题的症结所在，寻求积极的解决方式。不应盲目夸大压力的负面效应而因此产生不必要的焦虑。二是随时做好承受压力的思想准备。认识到生活中的压力或坎坷不过是人生路途中某一阶段的小插曲，把它当成挑战，随时准备迎接它、面对它。做好充分的思想准备，压力来临时，强度就会得到缓冲。三是及时排遣生活中的各种烦恼。日常生活中的各种小烦恼虽然不会立即产生明显的消极影响，但是日积月累，也会增加心理负担，当烦恼的压力积累到一定程度时，即使只增加一个微小的刺激，也足以使人崩溃。因此，要及时排遣生活中的各种小烦恼，及时倒掉

“鞋子里的每一粒沙子”。

4. 掌握并运用科学的时间管理

压力管理常常与时间管理相关联。所谓时间管理，是指为了提高时间的利用率和有效性，而对时间进行合理的计划和控制，有效安排和管理日常事务的管理活动。大学生的时间管理，是大学生围绕学习生活事务及其进程，有计划、有系统地进行调节，最终达到有效利用时间来实现自我发展的目的的管理活动。常用的时间管理方式有以下几种：

（1）ABC 时间管理法。以事务的重要程度为依据，将待办的事项按照由重要到次要的顺序划分为 A、B、C 三个等级，然后按照事项的重要等级完成任务的做事方法。其中，A 级为较重要且必须完成的目标；B 级为重要且很想完成的目标；C 级为不太重要可以暂时搁置的目标。根据这一方法，大学生可以按照如下步骤管理自己的学习时间：列出“日学习清单”，根据学习目标进行分类，然后按照重要性和紧急程度确定 ABC 顺序，确定工作日程及时间分配，实施计划，记录花费的时间，总结经验。

（2）四象限时间管理法。按照重要性和紧迫性把所有事情纳入四象限，第一象限是重要又紧急的事，第二象限是重要但不紧急的事，第三象限是紧急但不重要的事，第四象限是不紧急也不重要的事。大学生可以按照四象限的顺序灵活而有序地安排学习和工作。

（3）记录统计法。通过记录和总结每日的时间消耗情况，以判断时间耗费的整体情况，分析时间浪费的原因，从而采取适当的措施节约时间。

5. 重视和应对不同的压力来源

对于不同的压力来源，可以采用不同的方法进行管理。

（1）对于学业上的压力。大学生应提高学习能力，寻找科学的学习方法。大学生要培养自己对专业的兴趣，积极思考，从主观上树立热爱学习的精神。另外，适当培养其他的兴趣爱好，以放松学习中紧张的神经。例如，在学习之余，适当健身，听听音乐，不仅锻炼了身体，更开阔了心胸，缓解了压力。

（2）对于生活上的压力。转换思维，换一个角度看待问题是面对生活压力较为有效的缓解方式。人生之所以精彩不断，是因为生活的丰富多彩。生活中种种行为模式的不适应，可以视为新生活的开始。所以说，树立科学的世界观是生活适应和发展的前提。改变自己的思维，体会别样生活的乐趣。

比如，去吃自己没吃过的食物，偶尔去参加那些不曾涉足的活动，这些都是美妙的体验生活的部分。

（3）对于人际关系的压力。首先，培养良好的心理品质。良好的心理品质是成功交往的保障。其次，树立正确的交往动机。最后，掌握交往的艺术和技巧，比如风度、魅力等。

（4）对于就业的压力。就业和前途方面的压力可以使人奋发向上、积极进取，但是过高的期望容易让人倦怠和产生自我怀疑。因此，对于这方面的压力管理较为重要的就是给自己一个良好的定位。比如，可以进行大学生职业生涯规划，为自己找到准确的定位。

（5）对于经济上的压力。应确立良好的心态。意识到“上帝给你关闭一扇门的同时，必将为你开启一扇窗”。家庭经济困难的学生，更要把经济上的压力当作财富，树立自立自强的意识。

三、大学生的挫折应对

挫折不可避免，但这并不意味着人们面对挫折无能为力。相反，能否正确看待挫折，并有意识地培养和锻炼自己的挫折承受力，关系着大学生今后的人生幸福和事业成败。因此，采取积极态度应对挫折是必要的。

（一）大学生应对挫折的步骤

第一，承认已经发生的事实。事件已经发生，再也无法挽回，应接受和承认已经发生的事实。

第二，树立辩证的挫折观，找出受挫原因，以便采取有效的补救措施。

第三，转移注意力，暂时忘却挫折。或者向他人（老师、同学、朋友等）倾诉内心的不快，以求身心的放松，把目光转向未来。

第四，直面最坏的情况。敢于直面自己所不愿意看到的事实，是良好心理素质的标志。

第五，分析问题，解决问题。当个体能够冷静地提出问题，并积极寻求解决问题的方法，他就开始化解挫折了。

第六，将挫折与失利化为继续前进的动力。在挫折中积累经验，学会从逆境中奋起，做好随时迎接下一次挑战的准备。

（二）大学生应对挫折的策略

1.形成正确的挫折认知

面对挫折，先要有一个正确的认知，“不悲哀，不嘲笑，不怨天尤人，而只是理解”。这可以作为人们面对生活、面对挫折时的一则座右铭。

首先，认识到挫折是不可避免的。挫折会随时随地发生，应做好直面挫折的心理准备，在挫折来临时，不怨天尤人。人生没有坦途，只有幸运与不幸的交叉与起伏。有一句西方谚语，“幸福和不幸犹如一根棍子的两端，一旦你拿起了生活这根棍子，也就同时拿起了愉快和烦恼，幸福与不幸”。这也就是中国俗语所讲的“甘蔗没有两头甜”。因此，人不能只要求幸福和顺利，而回避挫折和不幸。

其次，把挫折当成人生的财富。正如孟子所言：“故天将降大任于斯人也，必先苦其心志，劳其筋骨，饿其体肤，空乏其身，行拂乱其所为。所以动心忍性，曾益其所不能。”不经过挫折的磨炼，就没有成功的喜悦和幸福。

最后，挫折是可以克服和战胜的。挫折是不可预知的，也是必然的，但是挫折是可战胜的。古今中外，无数杰出的人以他们的人生经验，诠释着人类意志的力量。人类祖先敢和大自然抗争，人类才能逐渐成为地球上的主宰；劳动人民敢于抗争，才能掀起一次又一次的革命战争，争取社会进步和人类的解放；科学家、艺术家勇于探索科学和艺术的真谛，才使人类创造出灿烂的科学文化。

2.确立合理的自我归因

（1）要避免归因的片面性。归因中的片面性是指两种极端类型的归因，即把自己的成败归于内因或外因。一个人如果把成败都归于运气或外因，而不适当地从自己身上找原因，就容易推诿责任、自我原谅，其结果不利于个人的进步和发展。反之，如果把成败看成主观因素造成的也不合适。过分夸大自己的作用，过多地进行自我谴责，不仅不符合实际，往往会给人带来挫折感或心理损伤。因此，在对成败进行归因时，要学会实事求是，克服过分承担或推卸责任的倾向。事实上成败都具有主客观以及内外两方面的因素，只有合理归因，才有助于心理健康，有助于自己的进步。

（2）要明确行为的具体原因。在进行行为成败的归因时，要注意明确行为成败的具体原因是什么，不能笼统地归为内因或外因。例如，把失败归于主观的内在因素，是自己不够勤奋、坚持性差，还是方法、途径的问题等；如归于客观的外在因素，也要弄清是自己生病，还是意外事件困扰等。只有对成败的原因做具体分析，准确把握，才能更好地总结成功的经验，分析失败的症结，对症下药。

（3）要形成积极的归因倾向。在成功时强调自己的能力、兴趣等更能体现自身价值的归因，有助于增强个体的自信心，产生愉快的情绪体验。经常进行这种积极正确的归因，及时纠正消极的归因，有利于形成积极的归因倾向。

3. 提高抱负水平

抱负水平是在从事某种活动之前，个体对自己所要达到的目标规定的标准。规定的标准越高，则抱负水平越高；规定的标准越低，则抱负水平越低。目标或抱负水平是较为重要的动机因素之一，如果说个体的价值观决定其行为的方向，那么抱负水平则决定其行为达到什么程度。

假如个体的抱负水平很低，个体固然容易达到目标，但是那种成就并不能给个体带来真正的满足，对于增强个体的自信心、提高个体的自尊心几乎没有什么影响，而且个体的身心潜能实际上处于被埋没的状态，没有机会充分发挥出来，就会产生由空虚、苦闷、不满足所造成的挫折感；反之，如果抱负水平过高，超过了个体的能力，个体虽然会全力以赴，但是仍然力不从心，达不到自己希望的目标，这就会使个体产生失败感，挫败个体的自信心和自尊心。

真正具有高抱负水平的个体，其规定的目标总是适度的，既不是举手可得，也不是难于登天，适度的目标才有较为强烈的激励作用。

第六章　中小学积极心理健康教育

第一节　小学体验式心理健康教育研究

一、小学体验式心理健康教育的理论基础

（一）建构主义理论

学生接受知识的过程是在相应的文化背景下，把已有的知识和经验吸收内化的过程。本节主要围绕学习过程、学习结果、学习条件三方面来进行开展。一是从学习过程来分析，学生学习的过程应是其自主学习的过程，而非教师采取“填鸭式”教学或者其他信息来源灌输式的侵入。学生对已学知识进行自我内化，是学生通过教师的讲授，把已学知识通过内化转化成已接受知识的过程。二是从学习知识结果来分析，学生通过内化学习到的知识，并非直接认知或接受的知识，而是在已学习知识的基础上建构成自己的认知。三是从学生学习条件来分析，教师的教学应该是在学生一定认知的基础上进行开展的，而不是不顾学生的基础采取直接教学模式。如果对基础薄弱的学生直接实施教学，有可能会将学生带入教师的模式当中，影响学生内化的过程。

学生是认知的主体，是知识意义的主动建构者。一方面，学生不是被动地接受知识，学生的学习应是对知识的主动探索、发现、选择和加工，从而对所学知识意义的主动建构形成新知识的过程。另一方面，在心理健康教育课的实施教学中，对教师提出了很高的要求。教育对儿童的发展能起到主导作用和促进作用，因此教师在教学中要重视学生的“最近发展区”，让学生在教师的帮助下和集体参与的主题活动中，通过模仿学习能够完成这些任务的未成熟发展区，加速学生的发展。教师在讲授心理健康课程时，应该结合学生现有的发展水平和实际情况进行评估，这样才能凸显出心理健康教育的实际意义。

教师应该让学生在学习和活动中发挥组织领导的作用，将自己与学生放在同等地位，让学生保持稳定的情绪。教师应善于分析学生的学习类型，组织学生根据自己的能力对其他学生进行教学，并针对性地利用学生不同的教学能力，引导学生组建结构合理的学习团队，以增强学习效果。同时，可以组织课堂讨论、小组讨论等形式，使学生在共同完成小组工作的过程中更好地体验和理解知识。对学生来说，了解自己在学习中所处的位置至关重要，因为只有当他们意识到学习是一个必须依靠自己的经验、反思和理解的过程时，他们才能充分发挥主观能动性。

（二）团体动力学理论

个体的行为是个性特征和团体之间相互作用的结果。个体并非单独的存在，而是会受到团体的影响，团体的最优也不是取决于某个人或某几个人，而是团体成员之间相互影响的合力体现。团体动力学理论能够充分发挥出团队的力量，使人们相互影响，朝着更好的方向发展，并从中建立个体自信。

体验式心理健康教育活动通常以小组活动为载体进行，在这个临时组合的团体中通过教师设计一系列体验式教学活动，创设情境调动学生主动参与教学活动的积极性，突出学生的主体地位，充分发挥体验式心理健康教育的作用和功能。在这样一个团体动力场中，同学之间相互影响、相互配合，在进行头脑风暴的过程中，共同参与活动，分享体验感受，交换心得与收获，让教师的教学管理在团体动力场的环境里得到最大化的发挥，从而更好地实现体验式心理健康教育的教学目标。

（三）教学过程最优化理论

教学过程最优化是教育最优化和教学最优化相辅相成、有机结合的整体。教育最优化是指对所处的教育环境进行整体优化：从社会的具体要求、参与教学的人、学校文化环境和办学条件到课堂全面立体进行优化。其核心部分是教学优化，也就是课堂优化，就是要系统、全面地考虑现有的条件，科学地选择和制定最佳教学方案，并在教学实践中坚决而灵活的实行，在关注方法优化的基础上又顺应时代发展的要求，最终达到最佳的教学效果。

体验式教育由来已久，先秦时期孔老夫子的“因材施教”“寓教于乐”和美国教育家杜威提出的“从做中学”等教学理论，就已经表明教师应该创设环境，利用适当的机会和条件充分调动学生的积极性，不仅可以让学生从经验中习得适应现实世界的知识，通过对整个过程中学生成长的观察，给予他们向善向上的引导。在传统的心理健康教育中，过于强调学习过去的知识，缺乏实际应用和与现实接轨，导致无法唤醒内驱力以达到共情的效果，这样的“教”不一定能够令人“心理健康”达到“育”的最优效果。而体验式心理健康教育的“教”则是经过系统地、科学地选择来制定最佳教学方案，遵循学生身心发展规律，通过创设各种情境和活动，让学生与周围的人产生互动，得到深刻的体验，具象的感知“心理健康”，发展学生潜能从而达到“育”的最优效果。

二、小学体验式心理健康教育理论的实施框架

学生是认知的主体，是知识意义的主动建构者。教师在教学中要重视学生“最近发展区”，起到主导作用和促进作用。因此，在制订体验式心理健康教育的教学计划时，活动主题的选取要以学生为主体，教师进行引导，突出发展性。团体动力学理论认为不管是在社会、学校、班级，每一个人都要生活在一个个大大小小的集体当中。现代社会不仅关注个人的发展，更关注团队协作创作的价值。体验式心理健康教育的实施过程中，既有来自小组合作间相互交流、商量策略和解决问题的主线，以此培养团结协作的意识、沟通和理解的能力，形成积极向上的健康观念等外部生成；又有来自个人内心深处情感、态度、价值观层面内省和新知建构的内在生成。不管是来自横向还是纵向的生成都是着重于学生不同的情感体验，这些思维的火花是教师无法提前预设出来的，但可以从设计不同的活动体验类型让学生在团体中探索，尽情表达。

小学体验式心理健康教育在各个教学环节都安排得更加细腻，教学内容有了更深入的发展，对整个教育教学过程进行了优化。如表 6–1 所示，在教学内容方面将学生的身心发展特点和生活实际考虑进来，让学生的体验感更强烈。确定教学目标时与提升学生核心素养的内容相融合，重在学生的参与体验和感受。与一般的学科教育不同，它没有满分的标准和必须要达到的目

标，小学阶段的心理健康教育最基本的是让学生对心理健康问题有正确的认识，不要把它当作一种疾病，学习遇到问题时的解决办法和途径，掌握一些简单的心理健康知识，使学生有一个稳定的心理健康水平和培养积极向上的阳光心态。因此，体验式心理健康教育不拘泥于一定要完成课程设置的教学目标，学生的体验感受更为重要。在制订心理健康教育的教学计划时，与传统心理健康教育只有一个面向全体学生的教学计划不同，体验式心理健康教育进行并列的教学计划，包括面向全体同学的总体教学计划，小组合作中的个性化教学计划，较为关注特殊群体的个别指导计划。在教学策略方面，传统心理健康教育以教师为中心教授理论知识为主，以教学活动为辅，体验式心理健康教育以学生为中心开展体验活动，包括情境体验活动、角色体验活动、游戏体验活动、实践体验活动等，使学生潜移默化地掌握理论知识。传统心理健康的教学过程与一般学科课程的教学相同，体验式心理健康教育以活动为载体，以学生为中心围绕“体验”开展小组活动，增加了个人和团体的互动，对教学环节的设计进行了整体优化。传统心理健康教育以教师评价为主，评价内容较单一，体验式心理健康教育采用实时反馈的多元评价方式，做到评价主体多元化、评价内容多维化、评价方式多样化、以此调动学生参与体验式心理健康活动的积极性。

表6-1　小学体验式心理健康教育理论的实施框架

教学内容	结合学生身心发展特点和生活实际确定内容并灵活调整
教学目标	与核心素养融合成三个维度：文化基础、自主发展与社会参与。重在学生的参与体验和感受，不必拘泥于完成教学目标
教学计划	包括面向全体同学的总体教学计划，小组合作中的个性化教学计划，较为关注特殊群体的个别指导计划
教学策略	以学生为中心开展体验活动。包括情境体验活动、角色体验活动、游戏体验活动、实践体验活动等，使学生潜移默化地掌握理论知识
教学过程	团体热身 + 创设情境 = 破冰阶段 = 分组 + 导入 活动体验→体验阶段→分享 积极暗示→总结阶段→升华
教学评价	实时反馈的多元评价：评价主体多元化、评价内容多维化、评价方式多样化

三、小学体验式心理健康教育的可行性分析

（一）能够满足师生双边情感体验的需要

教师在教学中要重视学生的“最近发展区”，让学生在教师的帮助下和集体参与的主题活动中，通过模仿学习能够完成这些任务的未成熟发展区，加速学生的发展。小学体验式心理健康教育建立在良好的师生关系的基础之上，授课教师必须充分了解学生，授课内容应满足学生的心理需求，学生也应充分展现自己并接纳教师心理知识的传授。教学是一种在特定情况下的人际交往，良好的师生关系是体验式教学的基本保证，体验式教学从传统的以教师为中心转变为以学生为中心，使学生在课堂上处于主体地位。教师在体验式心理健康教育中从学生的实际出发，以便学生在充分体验心理健康教育课程后找到适合处理心理健康问题的方法，学生在教学中的主要地位决定了教师应着重鼓励学生“独立思考”和“自我评价”，并培养学生的主动性和创新精神。教师在学生获得成功体验的同时获得职业幸福感与成就感。

（二）能够关注学生的个体发展

学生作为独立的个体，每个人都是不同的。但学校的心理健康教育是班级授课，因此根据团体动力学理论的特点，体验式心理健康教育的活动通常以小组活动的形式进行，在制订体验式心理健康教育的教学计划时，让教师的教学管理在团体动力场的环境里得到最大化的发挥，从而更好地实现体验式心理健康教育的教学目标。体验式心理健康教育活动能够完成对学生个体、小组和集体里的各种心理健康的培养目标。通过教师对学生的了解分析学生的学习类型，根据教师自身的能力对学生进行有针对性的小组活动，关注学生个体在小组活动中的心理发展，自我学习与外界沟通的技巧、表达的能力，培养良好情绪等小学生心理健康教育中常见的问题，提高体验式心理健康教育的效果。通过个人情感抒发和学生在共同完成小组合作的过程中更好地体验和感悟，分享收获，体验式心理健康教育能够令学生意识到学习必须依靠自己的亲身体验、反思和理解才能发挥主观能动性，从而学有所获。

（三）能够营造具有心理安全感的课堂环境

心理健康教育的目的是培养具有良好心理素质的学生。因此，为解决心理问题，在教学的全过程中都为师生创造一个平等、自由、开放的课堂环境，为学生创造心理安全的时间和空间沉浸式的体验心理健康教育活动。教育最优化是指对所处的教育环境进行整体优化。其核心部分是教学优化，也就是课堂优化。教师以学生为中心进行并列的教学计划，是体验式心理健康教育的实践支架，其中的教学群体包括了个人、小组和集体。教师营造体验环境让学生在心理健康活动中发挥引导作用，积极鼓励学生参加体验，收获感受，尊重彼此的言行，鼓励学生敞开心扉，在体验式心理健康教育活动中给予学生更多安全感。

四、小学体验式心理健康教育的实践

小学体验式心理健康教育是运用体验式教学进行心理健康教育教学活动的尝试，教学实践的流程设计同样应遵循一般的教学活动规律：教学内容分析、教学目标、学习者特征分析、教学策略的选取、教学过程以及教学评价。结合小学体验式教学的特点和心理健康教育教学的实际情况，笔者将体验式心理健康教育的教学设计实践流程分为以下几个步骤：选准实践主题、制订教学计划、实施教学过程、实时反馈的多元评价和修正调整过程。其中，教学设计的前期分析是体验式心理健康教育的实践前提，制订教学计划是体验式心理健康教育的实践支架，选择性实施的多种教学策略是体验式心理健康教育的实践基础，教学实践的实施过程是体验式心理健康教育的实践核心，实时反馈的多元评价方式是体验式心理健康教育实践质量的保证。因此，体验式心理健康教育要将以上关键要素完美串联，并能够根据实际情况及时修正与调整，以学生为中心，让学生进行小组合作学习，充分发挥学生的主观能动性，形成有机统一的整体。

（一）选准实践主题

体验式心理健康教育实践通常是围绕同一个主题以活动的形式进行。小学体验式心理健康教育课程主题的选择必须结合学生的实际需求，在确定教学目标后，可以根据教学目标安排相应的主题，这些主题就是目标的具体化。比如，学生在对自己或周围发生的学习和生活中比较感兴趣的事件，如果教师可以从学生的现实生活中创设授课情境，通过针对性地开展情景活动让学生主动体验和参与，就可以吸引学生对课程的注意力。因此，实践主题大致分为两类：一类是生活方面，包括自我认知、性格培养、情绪管理、人际交往、心理承受能力和其他心理咨询；另一类是学习方面，包括学习兴趣和动机、学习能力、个人潜能开发及其他教育和指导。以上种种皆通过课程内容来实现。

1.选取依据

以小学生身心发展规律为前提，小学高年段学生年龄一般为 9 ～ 12 岁，这是儿童成长的关键时期，不但身体发育处在关键期，而且生理和心理都有明显变化。一是外形的变化。高年段学生逐步进入青春期，第二性征的出现标志着人体生理发育的成熟，男女生体征上的差异开始凸显，这个时期也被称作个体在生理上脱离母亲的第二断乳期。在性激素的作用下，男孩和女孩会产生相互喜欢的情愫。多项研究表明，儿童青春期发育提前已成为普遍现象。二是认知能力的进步。从高年段开始，学生的有意注意逐渐发展，并逐步取代无意注意成为主导。学生的思维能力也迎来转折期。由于学生的批判性思维不够成熟，发生记忆力从机械到灵活，想象从现实到创造的转变，教师更要谨言慎行，时刻注意自己的言谈举止是否有利于学生的身心健康发展。三是情绪的发展方面。小学生的情绪具有内容不断丰富、体验深刻发展和稳定性日渐增强的特点。当学生能够逐渐认识到自己的情绪感受，也能预设出可能发生的结果时，他们便能慢慢地控制住自己的情绪。但有些时候还是需要在长辈的提醒下才能发现自己情绪失控的问题，并在长辈的帮助下及时做出调整。小学生强烈的向师性决定了教师言传身教的重要任务是重视小学生情绪和意志品质的培养。学习占据小学生校园生活的主要部分，是促进身心健康发展和培养核心素养的主阵地。具有学习动机开始明确，学习态度有所调整以及学习能力不断发展的特点。四是个性的发展。其可分为性格的发展、社会性的认知和道德品质的发展。学生开始想自己的事情自己做决定，而且更喜欢与同伴讨论。在与同伴的交往中开始根据兴趣爱好、能力和学业水平组成小团体，并且有精神领袖的产生，教师起着重要的引导作用，阳光健康的同伴团体在此时对学生个性发展有着至关重要的影响。在与教师的交往中，良好师生关系取决于教师对学生的公平、尊重和信任。和谐的师生关系和教师的合理期望能促进学生健康快乐的成长。

2. 课程主题

《中小学心理健康教育指导纲要》（以下简称《纲要》）进一步完善了心理健康教育的内容。《纲要》中指出心理健康教育的主要内容包括心理健康知识的普及、心理健康意识的建立、心理调节方法的认识、心理异常的认识、心理保健常识和技能的掌握。它侧重于自我认识、学会学习、人际交往、情绪调节、职业选择、生活和社会适应等方面。体验学习强调在做中学，即注重学生的感受、经验、理解和认知，突出学生的主体地位。心理健康教育应根据不同地区、不同年龄段学生的身心发展规律，分步进行，并制定不同阶段的具体教育内容。

小学高年级主要包括帮助学生了解自己的优点和缺点、兴趣和爱好，并在各种活动中接纳自己。着重培养学生的学习兴趣和学习能力，纠正学习动机，调整学习心态，正确对待自己的成就和经验，感悟学习成功的乐趣。开展初级青春期教育，引导学生正确与异性沟通，建立和维持良好的异性同伴关系，扩大人际交往的范围。帮助学生克服学习困难等问题，使其能够正确面对学习疲倦等负面情绪，学会正确地体验和表达情绪。积极倡导学生的亲社会行为，逐步了解他们与社会、国家和世界之间的关系。培养学生分析和解决问题的能力，为初中的学习和生活做好准备。

综上所述，结合当今小学实际情况，实践研究可以制定八个不同主题的体验式心理健康教育活动课，包括自我认知主题的“我是谁？”“拼出我的“心”世界”；情绪调节主题的“爱的碎碎念”“在挫折中成长”；学会学习与时间管理主题的“初小衔接——80 天与 80 岁”“做时间的主人”；良好人际关系和生活与社会适应主题的“家乡的红石公园”；职业生涯规划主题的“大梦想家”。由于每个活动主题之间没有密切的关系，与核心素养融合成三个维度：文化基础、自主发展与社会参与。重在学生的参与体验和感受，不必拘泥于完成教学目标。

3. 教学目标

教学目标是整个教学实践实施过程的核心，教学程序需要根据课堂目标进行展开。除了教学大纲的要求外，教师还必须根据学生的学习情况确定教学目标，找到教学的起点，突出教学的重点，突破教学的难关，使教学目标切实可行。建立科学合理的课程目标，既是体验式心理健康教育课程的起点和最终结果，也是正确指导课程内容，有效保证课程内容的源泉。由于小学生的思维正处于具体形象思维向抽象逻辑思维过渡阶段，教师必须根据学生的认知发展水平和自身经验，开展心理健康教育。因此，在确定教学目标之前，教师应分析学生的学习情况，研究和分析学生的生活经验、知识基础、认知规律和心理特征。小学体验式心理健康教育课程不是理论知识的专门课程，它旨在帮助学生获得丰富的实践经验和形成正确的自我认知。

小学生的发展需求是多种多样的，不同时期的需求是不同的，因此体验课程的目标不尽相同。例如，五年级的学生在小学中已经属于高年级学生，学业负担比较重，容易产生焦虑迷失方向，因此教师在此阶段应着重培养学生正确认识自我的意识，让学生了解其所处阶段的关键任务是学习，并且学会适当的解压和调节好情绪，培养学生勤劳能干、负责任的意识；培养性别角色意识，培养学生与异性交往的心态；增强学生的自我保护意识；等等。在实际操作中，应将课程目标与学生的实际心理需求相结合，科学制定学生各个阶段的课程目标。

小学心理健康教育的目标主要是帮助学生全面发展。因此，小学体验式心理健康教育的教学目标在知识技能、过程与方法、情感态度与价值观的基础上与核心素养融合成三个维度：文化基础、自主发展与社会参与。

4. 应用原则

（1）生本原则。体验式教学从传统的以教师为中心的模式转变为以学生为中心的模式，以学生为本。该原则强调两个方面：一个是师生之间的良好关系；另一个是学生在教育和教学中的主体地位。良好的师生关系是体验式教学的基本保证。教学是一种在特定情况下的人际交往，这要求教师在体验式教学中应更加强调。师生之间相互信任、相互尊重。这意味着教师必须充分了解学生，学生也必须充分了解教师并彼此形成一种默契。学生在教学中的主要地位决定了教师应着重鼓励学生“独立思考”和“自我评价”，并培养学生的主动性和创新精神。该原则要求教师在体验式教学中从学生的实际出发，以便学生在完成体验后获得如何成为人的经验。这意味着所有的教学活动必须以学生的主动性和幸福感为基础。

（2）自由与平等原则。心理健康教育的目的是培养具有良好心理素质的孩子。因此，为解决可能产生的心理问题，教师需要为学生创造一个自由的课堂环境，以及心理安全环境。第二，平等原则。只有当教师和学生处于同等地位时，学生才能保持稳定的情绪，并像与朋友倾诉一样向教师平和地表达自己的心理想法。总之，教师应该让学生在学习和活动中发挥领导作用。教师应鼓励学生积极参加课堂活动，并做到尊重彼此的言行，鼓励学生敞开心扉。

（3）针对性原则。学生作为个体，他们是不同的。因此，教师应善于分析学生的学习类型，根据自己的能力对学生进行教学，针对性地选择一种或多种教学策略，引导学生组建结构合理的活动体验小组，以提高体验效果。组织头脑风暴，小组分享，使学生在小组合作中能够更好地理解和内化心理健康知识。对学生来说，了解自己的内在需要，在体验式心理健康教育活动中意识到拥有健康心理必须依靠自己的经验、反思和理解时，他们才能发挥主观能动性。

（二）制订教学计划

体验式心理健康教育的教学计划是围绕以学生为中心进行建构设计的教学计划，是体验式心理健康教育的实践支架，其中教学群体包括个人、小组和班集体，为了体现学生的个体差异性，如表 6–2 所示，小学体验式心理健康教育中的体验式过程设计实施的是并列的教学计划，从而达到差异化教学的目的。即分为总体教学计划、个性化教学计划和个别指导计划，以便为学生创造一个心理安全的课堂环境。学生只有在轻松、快乐、和谐的环境中，才能放下心理防御，消除担忧，充分释放自己，自由表达和发泄情感，发挥主观能动性，积极参与各个群体的体验活动并积极反思，这样体验式心理健康教育才能达到其教学目的。

表6-2 并列的教学计划

计划类型	活动群体	作用	培养目标	具体措施
总体教学计划	班集体	动态分层	掌握心理健康教育知识，培养健康积极心态	课前团体热身，创设情境；课中活动体验，引导分享；课后总结升华
个性化教学计划	小组	隐形分层	在创设情境中将心理健康教育应用于实际体验	课前分组活动中有意识地隐形分层，课中参与体验活动自身的感悟、小组之间的讨论，积累的感受和教师在过程中的积极引导
个别指导计划	个人	减少标签效应	对个别有特殊情况的学生进行针对性的心理辅导和支持	授课过程中教师有意识地进行观察、积极引导与多元评价

1. 总体教学计划

总体教学计划面向的是授课班级的所有人。因此，在面向班集体时要完成的培养目标是让全体学生了解本节课相关的心理健康活动知识，培养全体同学在面向与该主题内容相关的情况时该如何用健康积极心态面对。在整个体验式心理健康教学过程中做好课前团体热身，创设情境；课中活动体验，引导分享；课后总结升华，积极暗示的计划。

2. 个性化教学计划

个性化教学计划面向的是参与体验式心理健康教育活动的小组成员，区别于固定的座位，在活动中临时组成的小组进行体验活动，属于隐形分层。其通常分为同类分组与异类分组两种。教师在体验式心理健康教学过程中做好课前有意识的隐形分层分组活动，更有利于在课堂中调动学生的主观能动性，使其在团体中互相影响并在此过程中受到教师的积极引导。

3. 个别指导计划

个别指导计划面向的是参与体验式心理健康教育活动的有特殊情况需要单独辅导的学生。让他们在集体温暖的包围中，减少其标签效应，并给予他们足够的安全感和信任感。在整个体验式心理健康教育的教学过程中对学生做出精准的关注，有针对性地为其提供心理辅导与支持，在潜移默化中帮助特殊群体学生改善心理健康状况，适时给予积极的引导与关注，抓住其每一个闪光的时刻并给予积极多元的评价。

（三）实施过程

1. 体验式心理健康教育的实施过程

体验式心理健康活动课以“团体热身和分组→创设情境和导入→活动体验和分享→积极暗示和升华”教学实践的实施过程展开，是参与实践教师课后反思普遍认为效果较好的实施过程，有可操作性、实用性和有效性的特点，以确保该课程在教学中能带给学生真实的体验感。由于心理健康教育课程没有教学成绩的压力，因此在实施教学过程中重在学生的参与体验和感受，不必拘泥于是否完成教学目标，也不需要严格按照教学模式逐项进行，可根据实际情况做调整。

本节以体验式心理健康教育活动课“我是谁？”为教学示例进行阐述。由于进入高年段，部分同学在学习上比较迷茫，面对阻碍和困难时容易退缩，男女生交往的尺度把握不够的问题和沉迷游戏的情况屡见不鲜。这个时候学生的自我意识已进入第二个上升期，孩子容易受环境、家庭变故、周围的人对其一贯的看法等影响，能否正确认识自我与悦纳自我，直接影响着健康个性与健康心理的养成。此次的体验式心理健康教师活动课旨在通过各种体验活动，从情境导入、游戏体验、分享感悟和总结升华等环节展开，环环相扣，引导学生在开放的环境体验中与自我对话、与他人对话，正视自己的缺点，学会扬长避短，消除自卑心理，培养健康的心理品质，不断完善自我，散发自己独特的个人魅力，为今后的成功奠定基础。授课主要通过讲述法、心理游戏、小组讨论分享等方法，创设情境，营造良好的心理氛围，促使学生主动敞开心扉直面自己，接纳他人的观点，客观全面地认识自我。

团体热身和分组是心理健康教育课必不可少的环节，为体验式心理健康活动课的成功奠定基础。这一环节让学生放松身心，将心理调适到开放接纳的最佳状态，营造一个适于开展心理健康教育的班级氛围，教师通过预先做好学情预判，有的放矢、有针对性完成分组。根据课程主题设计与其相关的“破冰活动”，让学生或隐或现对心理健康有所感知，与教师共情，通过教师的引导意识到与课程主题的关联性，承上启下地引领学生走入与本课有关的体验环境。

这节课先从团体热身和分组活动“大风吹”开始。全体同学自由组成若干 8 人小组，每组围成一个小圆圈坐好。师站在中间说：“西伯利亚的大风吹啊吹！”生问：“西伯利亚的大风吹什么？”师说：“大风吹戴了手表的同学。”则带了手表的同学都要离开原来的位置到其他小组里去。大风如此反复地吹了几遍，直至整个课堂的气氛逐渐活跃，新的分组基本形成（打破自行男女界限）即可停止。

课堂情境的创设和导入环节是体验式心理健康活动课能否成功的关键。好的情境能够让体验式心理健康课事半功倍，使学生瞬间投入教师创设的情境当中，使学生身临其境，激发学生参与的兴趣，让学生在情境体验中积极思考，全情投入，从而不断获得体验和感悟。

（1）引起学生对“认识自我”的关注。

师：同学们喜欢玩游戏吗？

生：喜欢！

师：好！下面教师和大家一起来玩个游戏，名字叫作“照镜子”。

（出示 PPT）请看游戏规则：

第一，每位同学都有 5 秒钟时间观察镜中的自己。

第二，观察完后请依次传给在你右边的同学。

第三，音乐停止，游戏结束。

（2）全班分享。

师问：谁能用一个词来形容镜子中的自己。

生答：（赞）你真自信，我也认同，你今天的微笑真美，真棒，你呢？请你来！

（负）教师认为，只从外表来认识自己是不够的，不全面的。今天我们就从多方面正确认识自己——我是谁。

喝倒彩：我们要有发现美的眼睛，尊重每一位同学的表达，欣赏别人的优点。

活动体验和分享是体验式心理健康教育的关键环节。教师在设计此环节时依据小学生活泼好动的身心发展特点，组织轻松又有意义的体验活动，让学生敞开心扉投入课程中。教师在上完各学科课程之后，以学生为主体，设计环环相扣的体验内容，引导学生以积极的心态开启最近发展区的潜能发展，以期达到教育教学过程最优化。

游戏体验一：手心里的“我”。

（1）引起学生对“认识自我”的兴趣。

师导入：接下来，我们来玩第二个游戏，名字叫“手心里的“我”。请同学们在卡纸上画自己的手掌，并在上面用适当的词语形容自己。音乐停止后，向同学们简单介绍一下自己。

（2）团体分享感悟，进行心理辅导。①向大家介绍自己时，念出手心里的“我”。②途中师巡视，看看有没有学生进行反思：几乎全写自己的优点和几乎全写自己缺点的都是哪些同学？有的话把他们的卡纸收起来让大家猜。③引导学生反思：第一，只看到自己的优点，看不到缺点，这个人容易怎样？第二，只看到缺点，看不到自己的优点，这个人又容易怎样？

（3）师小结分享感悟。白纸黑点与黑纸白点意在说明眼光集中在优点上容易骄傲自满，受到挫折后容易一蹶不振。而眼光集中在缺点容易放大自己的不足，忽略自己的优势，产生自卑心理。

（4）学生主动分享。第一，为什么别人对你的认识和自己对自己的认识有所不同？第二，因为这种认知的差距，会导致什么样的后果？同时，自己是否应该进行调整，使别人眼中的我和自己眼中的我保持一致？

（5）师小结分享感悟。所谓旁观者清，当局者迷。如果人们能虚心听取别人对自己中肯的评价和意见，正确客观地认识自己，扬长避短，这样才不至于身在庐山中，看不清美景的全貌。

游戏体验二：手背里的“我”。

（1）引导学生认识别人眼中的我。

师导入：刚刚我们认识了自己心中的自己：有爱劳动的、有爱音乐的、有懒惰的，也有害羞的。我们从游戏中了解到了我是谁。接下来，我们继续来看看别人眼中的我，又是怎样的呢。下一个游戏——“手背里的‘我’”，大家又有什么新发现。

（出示 PPT）游戏规则：

第一，相信每位同学都真诚地希望能正确认识自己，得到客观的评价，请抱着负责任的态度下笔。

第二，一人可对多人进行留言，也可以主动请别人写下对你的认识。

第三，留言对象必须是你很熟悉的人，优点和缺点都要真实地写出来，能提出别人可通过努力改变做到的建议。

第四，五分钟的互评时间，音乐停止，游戏结束，请同学坐回原位。

（2）团体分享感悟，个人心理辅导。

第一，现在教师很想倾听你们对其他同学的认识，谁愿意来说说？

第二，请问你为谁贴上了小纸条？

第三，还有其他同学也送了小纸条给他吗？请你们也站出来说说吧。

第四，有谁想更深入地了解自己？请主动站出来。

第五，猜猜你的留言有什么？

第六，听完同学的留言后你有什么感受？

第七，你有没有看到自己潜在的优势或特长在别人的眼中可能是那么的明显，可能你从未注意？

第八，同学对你提出的意见，你有什么回应呢？

观点一：对呀，仅仅是个人对自己的评价是不够全面的，只有综合了别人对自己的评价才能更全面地认识自己。

观点二：有时别人对自己的认识也未必就是对的，我们也要客观地对待，为什么会出现这样的问题？认识到别人对自己的评价有偏差，应该及时沟通找出原因，主动去化解，不断地完善自己，从而悦纳自己。

（3）师小结分享。同学们请看，如果要知道我是谁，我们不仅要自我观察，全面认识“手心里的我”，还要从身边的亲朋好友那儿了解“手背里的我”，通过与人相处，交流沟通，才能让我们更清楚地了解我是谁，也让小伙伴们更了解我！

（4）小组分享感悟。接下来，请大家也一起想一想，如果我们身边的同学、教师和父母善意地提醒你的不足，以及需要改正的地方，我们应该用什么样的心态去面对呢?这个游戏还带给你哪些其他的感受吗？请你在小组中说一说吧。

（5）师小结分享。通过背对背的评价，让学生认识到“别人眼中的我”是什么样的，和自己认识的自己有什么不同，并进行反思。也有很多同学能大胆向对方提出宝贵建议，帮助同学全面地了解自己，教师为你们点赞。

在课程的尾声，教师对学生进行积极的心理暗示并进行主题总结，将课题升华，正是体验式心理健康教育活动课的点睛之笔。体验式心理健康教育能给予学生积极的心理暗示，改变了以往心理健康教育只关注已经存在的心理问题和心理疾病的做法，根据学生身心发展规律提前进行有针对性地引导，创设环境和机会让学生通过真实体验感知，增加学生积极的主观体验。在教师的引领下，深入挖掘学生的卓越品质，引导学生充分发挥积极的力量，追求幸福，并实现他们思想的成长，即改善和完善。

①认识自我，做人生的主人。团体分享，团体心理辅导：认识自我是人生的起点，其目的是发展自我和完善自我。大家通过今天的这几个游戏会有许多感悟，下面教师给一首歌的时间，请同学们以小组为单位做组内分享，并做好记录，听听看同学们还有什么其他想要说的。

②教师引导学生总结提升：紧握认识自己的法宝。第一，悦纳自我和他人。天鹅有天鹅的高贵，野鸭有野鸭的自由。接受自己和他人的不完美，每个人都有自己的优缺点，人们应该每天都要有好心情，并将快乐传递给别人。第二，不仅看外表，还要注重内在美。“以铜为镜，可以正衣冠；以古为镜，可以知兴替；以人为镜，可以明得失。”照照镜子看看自己的仪容仪表是否整洁大方？跟昨天相比，今天的你是否又有进步？与同学相比，待人处事上是否做到进退有度，谦谦有礼?这些都是人们每天要扪心自问的。第三，面对自己不自大，面对不足要悦纳，并勇于改正。明白自己有优点也有不足，时刻反思自己的语言和行为，虚心听取关系密切的人的评价，用开放的心态接受他们善意的提醒并及时改正，做最好的自己。

③教师引领学生聆听诗朗诵《“点”的自述》。同学们，你们通过这节课发现了自己更多的优点，同时有需要改正的坏习惯，你们又重新认识了一次相处了这么久的自己，认识了我是谁。希望同学们在平时多用今天学到的方

法，更全面、更深入地认识自己，扬长避短，塑造更完美的自我，做到尽管身在此山中，仍然识得真面目。最后，愿同学们做一个自信又快乐的学生，多说赞美的话，营造和谐的氛围，充满活力地度过每一天！

2.选择性实施的多种教学策略

（1）情境体验活动。情境体验可分为物理情境和心理情境两种。物理情境由班级规模、座位安排、教师的布置以及教学空间等构成。首先，在班级规模上要适中，如此教师才能兼顾每个学生，在观察学生的体验活动时，及时发现问题并给予指导；同时，由于学生人数少，每个学生都有发言的机会，无论是对自己提问还是回答别人的问题；此外，少量的课程可以使学生之间的交流更加深入和广泛。学生还可以与班上的其他伙伴交流。其次，在座位的安排上，对学生参与体验的方式以及学生之间的交流与合作有很大影响。在体验式教学的课堂上，教师不仅采用传统的规矩排座方法，还采用围坐、马蹄形等对学生座位进行安排。从具体情况来看，座位安排应考虑以下几个方面。第一，座位安排应有利于学生之间的交流与合作。体验式教学的开放性要求学生必须彼此沟通与合作，这一点在座位安排上应该受到更多的方便并尽可能地得到促进，其中较为重要的方法是坐在同一张桌子和同一组。第二，座位的安排应考虑学生的性格特点，不能将胆小和内向的学生安排在一起，应将踊跃参与活动的学生平均分配。第三，在教室的布置上应营造一种体验氛围。除了上课时教室的布局外，教室的日常布局也应照顾到学生的体验和感受。从课堂开始到结束，体验的发生都伴随着隐性的学习因素，如学生的情感、直觉和个性。在团体动力场的影响下同学之间也会受到影响。为了能有效地促进学生的积极体验，教师有必要营造出一种适当的心理情境。体验式教学心理情境的首要任务就是让学生感到安全。此安全不仅指学生在教学中的人身安全，还有学生心理的内在安全。这种安全感可以使学生更好地进行体验。然后要做到宽容，当学生可以直面自己的经历并确认自己的价值时，会更有利于教师了解学生的真实情况。接着要让学生放松，让学生在宽松的环境中积极地体验，而不是将体验作为教师和学生的活动。最后，营造积极友善的氛围：一是良好的师生关系。一方面，教师应给予每个学生关心；另一方面，学生也要尊重教师，除此之外，学生之间也应该保持良好的关系。二是学生之间相互关心、鼓励、帮助和监督。心理情境的建设不是简单的一节体验课，而是一个漫长的过程。这需要长期的校园文化建设、课堂氛围、良好的师生关系和学生互动等构成。

教学片段：在“在挫折中成长”这节体验式心理健康教育课的结尾部分，教师采用围坐的方式给全班学生分组，在讨论前播放《武大靖夺冠背后的故事》创设情境，使学生在集体和小组讨论中碰撞出火花，学生运用前面积累的应对挫折的小妙招，通过热门话题激发讨论的兴趣，并通过思想与思维的碰撞来增强心理体验和感知。这种体验过程不仅反映在课堂教学中，还反映在上课前的活动准备中。让学生在课堂小结和总结的时候分享学习经验，畅谈感受，营造小组合作的氛围，激发学生对知识的渴望，促进学生对知识的感知和理解，从而达到共鸣。

（2）角色体验活动。角色体验是通过模仿行为或替代行为来影响学生心理过程的一种方式。通过在特定条件下进行替代角色和行为模仿活动，学生可以充分了解角色的情感变化和行为模式，揭示角色或自己的性格特征，显露人际交往、情感态度、内在冲突和其他心理等问题，然后通过观察、体验、交流、分享和深入讨论，使学生接受心理教育。通过角色扮演，教师可以采用不同体验式教学方法，如表演、音像、心理戏剧表演等，将生活实例引入课堂，并将其融入教育和教学活动中。学生自然会被这种情况所吸引，并通过角色扮演来激发真实的感受。

教学片段 1：空椅子技术是格式塔流派常用的一种技术，它的本质就是角色扮演，也是体验式心理健康教育里较为常用的一种体验类型。在“爱的碎碎念”这节体验式心理健康教育课上，教师用空椅子代表与学生有过争吵的家人。先是打开心扉这一环节，鼓励学生勇敢地面对。两把椅子对立放好，请愿意分享的同学走到椅子旁边，在红、黄、蓝、绿、灰、黑丝巾中选择一条代表与其有过争吵的家人并挂在对面的椅子上，并请学生描述一下为什么选择这个颜色，代表了家人什么样的情绪。然后坐上椅子想象对面挂着丝巾的椅子就是与自己有过争吵的家人，要求学生对这个“家人”说出自己想说的话。接着，请学生再次选择丝巾来表示自己此时的心情，并将丝巾挂在刚刚坐着的椅子上，随即交换角色，以家人的身份与对面的“自己”沟通。最后，在教师的引导下，谈谈这样的对话让学生有怎样的情感体验。此时在旁边观察的同学也可以加入进来，一起坐在椅子上进行角色扮演。通过对话方式带来的情感体验，可以对学生进行情绪的疏导，并经过团队的力量找到无暴力沟通的方式和提高情绪调节的能力。

教学片段 2：在“大梦想家”这节体验式心理健康教育课上，教师邀请了医生、警察、税务员、播音员、会计、导游、摄影师、健身教练等来自不同行业的家长走进课堂。家长结合自身工作经历，为学生讲述日常工作内容、职业属性、职业状态及职业的价值与意义，用专业模具、图文并茂的幻灯片、有趣的互动游戏和角色扮演等方式，让学生对各类职业有更为详尽与真切的了解。在进行模拟法庭的角色体验时，同学们穿上制服，各自划分角色，在法官的指导下通过案情分析、法律文书准备、预演开庭和审判仲裁等环节进行体验，整个过程调动了学生参与课堂的积极性，做到了寓教于乐。不少同学表示，在此之前他们对各种职业的了解甚少，通过这堂体验式心理健康教育课，有了更全面的认识，甚至更加坚定了努力学习的信念，立下勇敢追梦的远大志向。

（3）游戏体验活动。游戏是体验式心理健康教育活动的载体，也是小学生比较喜欢的课堂活动，符合小学生活泼好动的心理特点，几乎每节体验式心理健康教育课都离不开游戏体验环节。学生在游戏中更容易放下心理戒备，融入集体当中。因此，教师把大部分的教学设计都包装成游戏活动，以此来调动学生的积极性，提高学生的积极性和体验式心理健康教育的有效性。

教学片段：在“拼出我的“心”世界”这节体验式心理健康教育课上，教师带领同学们进行乐高游戏体验。教师以“梦想中的校园”为主题，分小组在规定时间内进行创作，让同学们在游戏中徜徉，发挥想象搭建梦想中的校园。在游戏中考验团队协作与分工，开发学生的创造力，在分享环节，组员通过分享搭建过程中遇到的难关与突破难关的方法，引导学生团队协作；畅谈未来学校的规划，培养学生的自我意识，积极倡导学生的亲社会行为。此外，游戏体验也较为适合运用于体验式心理健康教育中的破冰和分组环节，营造开放轻松的环境，最大限度地让学生主动参与到教师创设的体验式心理健康教育中。在心理健康教师培训中，每位教师准备五个破冰心理小游戏和分组小游戏。在教师对学生不熟悉的情况下，破冰游戏能很快拉近师生距离，如大风吹、抓手指、抢凳子、名字接龙等。

（4）实践体验活动。实践体验是指让学生在实际操作中，在共同参与社会实践和基于研究的学习活动中来体验。设计的活动应让学生积极、主动和全面参与。在活动中，教师只是参与者和引领者，不是将自己的经验强加给学生，也不追求经验的一致性，因为学生的个人生活经历、知识积累和个人兴趣还好皆存在显著差异，这让他们在小组中又会碰撞出不一样的火花。

教学片段 1：在“做时间的主人”这节体验式心理健康教育课中，热身游戏“我是小小闹钟人”让学生通过对闹钟的模仿，即左手就是闹钟的时针，右手就是闹钟的分针，教师说时间学生来实践体验，将看不见摸不着的“时间”具象地表现出来。接着教师通过杯子实验让同学们体验时间的流逝。请同学们按照合理的顺序利用石头、沙子、水将每一个杯子填满。同学们积极动手实践，并发表自己对此次关于“时间”体验的感受。在教师的指导下，同学们得出结果：石头好比重要又紧急之事，沙子好比重要但是不紧急之事，水则代表零碎不重要的事。同学们纷纷表示：如果我们分清事情的轻重缓急，就可以很好地利用时间。

教学片段 2：在“家乡的红石公园”这节体验式心理健康教育课中，教师把课堂搬到了校外，进行了一次亲近自然的校外研学实践体验。教师通过团队建设、采用植物进行趣味分组，让学生在动手操作、合作参与中了解自然资源，培养团队合作能力和实践探索的精神；生物圈游戏、博物馆闯关等活动，让学生在实践体验中追寻丹霞的足迹；沿着锦石岩线观察丹霞石墙、石柱地貌，了解地址遗迹与植物习性，进行体验游戏等实地学习，培养学生观察及学习能力；午餐时间，分享学生亲手制作或者亲子共同制作的便当午餐，餐后自觉清理垃圾，践行低碳出行、绿色环保。在整个研学实践体验活动中，实现学生研学实践心育效果最大化。体验式心理健康教育不拘泥于单一的教学资源和教学方式，尽量做到学科融合、与时俱进、贴近实际，利用现代化教育设备进行创新，丰富教育资源，拓展教育教学途径，将环境和人紧密联系起来延伸教育触角，通过实践体验真实的触感、体察实际的温度、开展心与心的交流形成教育合力。

（四）实时反馈的多元评价

实时反馈的多元评价方式是体验式心理健康教育实践质量的保证。从评价主体多元化、评价内容多维化、评价方式多样化对参与体验式心理健康教育的学生进行全程、全面、全方位的多元评价，具有及时性、多样性、鼓励性的特点。

1. 评价主体多元化

评价主体多元化可分为学生自评、小组互评和教师点评。在体验式心理健康教育过程中，自评能够调动学生的学习动机，为学生提供自省的机会。小组互评能够让小组内成员产生参与感，促使其积极投身于团队活动中，给予学生课堂评价的权利，体现以学生为中心，也为学生互相了解和从他人口中了解自己提供了机会。教师评价作为比较传统的评价方式贯穿体验式心理健康教育始终。首先，在体验式心理健康教育活动中，教师要努力发现学生回答中的闪光点并及时给予肯定的评价，以便正确引导学生。其次，在体验式心理健康教育的小组活动中，教师的点评有利于营造积极的小组比拼氛围，增强团队凝聚力。最后，在体验式心理健康教育中教师的言谈举止能够给予特殊个人足够的安全感和信任感，配合适时的鼓励和动员，令其能更加放松地投入活动中。

2. 评价内容多维化

评价内容多维化可分为参与体验活动的主动性、团队合作、意见领袖、帮助他人、情绪稳定、积极思考等。教师在体验式心理健康教育的过程中因有别于学科类教育，多角度地去发现学生的闪光点，给予内容多维化的正向评价，为学生身心健康和全面发展奠定基础。

3. 评价方式多样化

评价方式多样化可分为过程性评价、形成性评价和总结性评价。在体验式心理健康教育过程中采用“班级优化大师”过程性评价，其优势是在体验活动过程中展现评价的即时性和可视化，能够很好地调动学生参与体验活动的积极性；形成性评价能够全方位地评价学生在一节体验式心理健康教育活动课中各个环节的表现，可以及时了解学生参与体验活动过程中的投入程度和学习效果；总结性评价是参与体验式心理健康教育活动课的整体表现，让学生对自己的表现有一个大致了解，仅作为本节课的表现，促使他课后进行反思，及时做出调整。

实时反馈的多元评价应始终贯穿整个体验式心理健康教育的教学过程，

由此调动学生参与体验活动的积极性、激发学生的学习动机、调整学生的学习状态，成为体验式心理健康教育不可或缺的一部分。

第二节　家校合作在小学心理健康教育中的应用

一、家校合作的概念

家校合作实质上是联合了对学生较具影响的两个社会机构——家庭和学校，共同对学生进行教育。在教育活动中，家庭和学校相互支持、共同努力、各尽其职，使学校和家庭在教育孩子方面达到最佳效果。

二、小学心理健康教育中家校合作的必要性

（一）家校合作突破了学校单方面实施心理健康教育的局限性

开展家校合作有利于突破单一的学校心理健康教育的局限性。家长是学校教育的天然合作者，因为家长更了解子女的品行及成长过程，他们的影响力也较大，在教育子女的过程中也比较主动。开展家校合作有利于在教育学生的过程中形成合力，它能够使双方的教育方法优势互补，提高教育效率，同时有利于学生的社会化进程。目前，许多国家都重视整合学校、家庭和社区的资源，发挥资源整合的优势，满足学生在心理健康教育过程中的需求。

（二）心理健康教育的特殊性决定了必须进行家校合作

心理健康教育不同于其他数理逻辑类的知识传递和文艺、体育方面能力的培养，上述知识和能力的培养在学校内部可以顺利开展。而心理健康教育关乎人的智力、人格、情绪、自我意识、人际关系和社会适应性等方面，它涉及人的整体发展，单靠学校教育是远远不够的。个人的成长来自个体与环境的互动，互动的过程不仅在同一层环境系统中，而是在多层环境中交互形成的，每个系统直接或间接与其他系统及个体进行互动，且以多种形式影响

着个体的发展。学校、家庭和社会虽属于个人成长的不同环境，但这三者必然是相互影响、共同作用于学生的成长。所以，为了更好地提高学生的心理健康水平，就必须进行家校合作。

（三）家校合作能在一定程度上弥补地区差异和教育资源的不足

我国的教育水平存在一定的地区差异。引入家校合作这一机制以后，可以借助家长和社区的力量来帮助学生提高心理素质。并且由于网络资源的丰富和便捷，学校可以开辟心理健康教育的板块，向家长普及心理健康教育、心理卫生和保健的知识，并且向家长介绍培养孩子积极健康心理素质的方法，提高家长家庭教育的能力，以便提高孩子的心理健康水平；同时，那些受教育水平比较高的家长还可以参与到学校心理健康教育中来，为学校出谋划策，并且在必要时提供帮助和支持，提高学校的教育水平。

（四）学生某些心理与行为问题的纠正依赖于家校合作

学生的心理问题往往不在于学生本人，而在于家庭中的相互关系，学生的某些心理问题的产生实为家庭关系“动荡不安”的表现。所以，学校要解决学生的心理问题，必须要进行家校合作，与家长共同商讨问题的解决方法。

三、小学心理健康教育中家校合作的理论基础

（一）生态系统理论

个人的成长来自个体与环境的互动，互动过程不是在同一层环境系统中，而是在多层环境系统中交互形成的，每个系统都直接或间接与其他系统互动，且复杂地影响个人的发展。其中，家庭和学校是学生成长过程中的两个环境，这两个环境相互作用，共同影响学生的发展。并且，该理论认为如果这两者之间有较强的积极的联系，发展可以实现最优化。家校合作开展心理健康教育的目标是学校与家庭共同努力，实现学生心理方面的优化发展。

（二）西尔斯的发展理论

西尔斯的发展理论强调儿童人格形成和发展中环境的重要性。对于中小学生来讲，其心理发展过程中两个重要的环境一个是家庭，另一个是学校。家庭作为儿童接受系统影响与教育的环境之一，对儿童人格的培养起着不可替代的作用。其中，儿童成长的家庭氛围、父母的教养方式对儿童的心理成长较为重要。学校要在家校合作的过程中对家庭教育提供必要的指导。

（三）家庭心理干预理论

学生的心理问题往往不在于学生本人，而在于家庭中的相互关系，学生的某些心理问题的产生实为家庭关系“动荡不安”的表现。所以，学校在对问题学生开展心理咨询与辅导过程中，要仔细考察家庭成员之间的关系，并促使他们进行积极的调整与改善。在咨询过程中，家庭作为被咨询的对象，要力图改善家庭成员之间不和谐的关系，使家庭关系趋向健康发展，这样才能改善学生的心理健康状况。所以，学校要解决学生的心理问题，必须谋求学生家庭成员的合作，共同商讨问题的解决方法。

四、小学心理健康教育中家校合作的现实基础

（一）家校合作开展心理健康教育有教育主管部门的支持

为了进一步加强心理健康教育，国家的教育主管部门颁布了一系列的文件。例如，《关于深化教育改革全面推进素质教育的决定》《关于加强中小学心理健康教育的若干意见》《纲要》等。

其中，《纲要》规定了中小学心理健康教育的目标和任务：“要普及、巩固和深化中小学心理健康，加快制度建设、心理辅导室建设和师资队伍建设，积极拓宽心理健康教育渠道，建立学校、家庭和社区心理健康网络和协作机制，全面推进中小学心理健康教育科学发展……”

此外，该《纲要》还规定了心理健康教育的途径和方法：“密切联系家长共同实施心理健康教育。学校要帮助家长树立正确的教育观念，了解和掌握孩子成长的特点、规律以及心理健康教育的方法，加强亲子沟通，注重自

身良好心理素质的养成，以积极、健康、和谐的家庭环境影响孩子。”这些文件的颁布，为学校的心理健康教育指明了方向，有利于促使学校主动与家庭开展合作，共同实施心理健康教育。

（二）培养目标的一致性决定了家长愿意积极支持学校的工作

《纲要》明确指出心理健康教育的总目标是，“提高全体学生的心理素质，充分开发他们的潜能，培养学生乐观、向上的心理品质，促进学生人格的健全发展”。学校开展的各项课程和活动都是为实现这一目标服务的。心理健康教育也绝不是学校单方面的孤军奋战，它同时得到了来自家庭和社会的积极支持与帮助。

子女是每个家庭的希望，父母都期待孩子将来能够成才，取得一定社会地位。当前，许多家长都意识到“教育投资有利可图”，但是在当今这个处处充满竞争的社会，只有知识是不够的，还需要人的全面发展。素质教育至关重要，其中心理素质对人将来的发展起到了关键性的作用。所以他们对学校开展心理健康教育持积极支持的态度。学校教育为学生的发展提供方向性的指导，家庭心理健康教育是学校教育的延伸，两者培养孩子目标的一致性决定了家校合作能够顺利开展起来。

五、小学心理健康教育中家校合作的对策

（一）有关教育主管部门要加强对家校合作的宣传和推行力度

家校合作是心理健康教育教学活动开展阶段中较为重要的过程，需要有关教育主管部门自上而下的推行，否则很难短期内在广大中小学得到推广。教育行政主管部门应组织有关专业人士，了解本地区实际情况，并且借鉴其他地区的经验，在如何开展家校合作方面提供指导。具体应用于本地当前的实践，应由教育主管部门牵头，设计家校合作开展心理健康教育的实施方案，并且使教育管理者、教师、家长和学生都认真参与其中，努力为心理健康教育的开展出谋划策，走心理健康教育的协同发展模式。

（二）教育行政主管部门要敦促学校建立家长委员会等家校合作的组织机构

有关教育主管部门要敦促学校，以年级或班级为单位成立家长委员会。在家长当中推选出能够反映广大家长意愿，并且在时间上也比较充裕的人，组成家长委员会。委员会的成员要积极与班主任和任课老师沟通，向校方反映家长的意见和建议，同时组织家长配合学校做好学生的各项教育工作。同时，他们要参与讨论目前学校和班级管理中以及学生心理发展中可能遇到的问题，并制定相应的方案来应对。

此外，每学期要召开家长委员会，有关领导、教师、家长代表都要参加。教师要汇报自己的工作，家长委员会的成员也要把家长的意见进行汇总，汇报给学校和教师，以便心理健康教育工作能够更好地开展。

（三）教育行政主管部门要对下属学校的心理健康工作进行监督管理

只有制定具体的规则，明确发展的方向，同时推广先进学校的成功经验，让学校和家长知道如何开展此项工作，并且事后认真地进行监督和检查，心理健康教育才能取得更大的成效。

（四）在家校合作过程中学校应开展实质性的、有计划的活动

当前，学校开展的家校合作活动的种类比较丰富，有主题班会、亲子活动、心理咨询与辅导、假期训练营以及心理健康方面的专家讲座等。但在活动的设计方面还有待完善。所以，应该开展一些实质性的，有计划性和连贯性的活动。

例如，可以开设“亲子剧场”，教师可以设定某些场景，请家长和学生来扮演其中的角色，在表演过程中呈现他们解决问题的方法以及他们对生活的感悟。家长和学生通过自身参与和观摩可以更深刻地体会如何更好地进行亲子沟通，以及如何更好地进行总结与反思。在此过程中，让学生了解自身在不同的环境中（如学校、家庭和社会）应扮演不同的角色，帮助学生找准自己的位置，纠正他们在自我意识方面的偏差，以便更好地适应环境，使自

身更好的发展。在这个过程中，教师和家长要为孩子提供指导，并进行有效的沟通。

此外，在邀请家长来校参加心理健康方面的专题讲座的过程中要多设计一些专家与家长开展互动的环节，请专家现场帮助家长解决在教育孩子过程中遇到的困惑，指导家长如何更好地引导孩子。

（五）满足家长需求，丰富心理健康教育的内容和实施途径

在开展心理健康教育的过程中，要更多地考虑学生和家长的需求。要重视家校合作，与时俱进，不断增添新的心理健康教育的内容。例如，当前社会面临激烈竞争，社会环境也日趋复杂，如何帮助孩子应对来自家庭、学校、社会等各方面的压力；如何摆脱网络的负面影响等，都是教师应该认真思考的问题。此外，在进行合作的过程中，要更多的关心学生学业方面的困扰，以及其他的心理与情绪问题，探索如何为他们解开心结。教师和家长的帮助与支持能使学生走出内心的阴霾，改变他们的人生轨迹。此外，有些家长也更乐于尝试“以家为本”的合作模式，学校可以邀请专家为他们提供咨询，就家庭内部问题开展调查分析，并引导他们加强家庭内部成员之间的沟通，解决家庭内部矛盾，构建一种温馨和谐的家庭氛围。这样更有利于孩子心理问题的解决。

（六）提高从业教师的专业水平，加大对相关设施的投入

目前，从事心理健康教育的师资匮乏是制约家校合作发展心理健康教育的一大问题。当前，从事家校合作的主干力量是班主任、大队辅导员、思想品德教师等。心理健康专业人员（如心理咨询师或此方面的专家等）介入较少，使得心理健康教育的总体水平不高。所以，学校除了要引进有心理学专业背景的教师，同时加强现有教师的培训外，还要与有关高等院校的科研院所进行联系，聘请一些专业人士来校作报告，指导一线教师的工作。此外，要加大对相关设施的投入，如引进先进的心理测试软件、购买相关的仪器设备等。这样工作起来有人员和设备方面的支持，才能更好地为学生和家长提供帮助。

（七）开展家长心理健康教育方面的培训，提高自身的家庭教育水平

要解决学生的心理问题，需要家长也进行心理咨询，这样才能找到解决问题的途径。学校要以家长委员会为依托，举办各种专题讲座，为家长提供相关的心理学知识，提高家长的心理健康水平，让家长能够反思自己在家里的言行是否合适，帮助家长营造民主、温暖、和谐的家庭氛围。此外，学校和社会上的各种辅导机构还可以在教育孩子方面为家长提供帮助。例如，可以针对一些家长的需求，向他们提供心理健康教育的操作方法和策略方面的帮助，可以请有经验的家长作报告，分享教育孩子的经验，也可以请心理健康方面的专家为家长解答在教育孩子过程中遇到的种种困惑。

（八）鼓励家长积极参与心理健康教育活动，努力与学校沟通为学校提供帮助和支持

家长与子女亲密的情感纽带使得家庭在进行心理健康教育方面有着独特的优势。家长可以利用他们在子女心中的地位对子女施加影响。此外，与学校相比，父母更为关注自己的孩子，他们对孩子的心理成长有更深刻的了解。所以，家长可以对子女采取更为有针对性的教育。这有利于子女性格的健全发展和社会适应能力的提高。

此外，家长还要在力所能及的范围内为学校的心理健康教育提供支持和帮助。例如，为学生的校外实践活动提供场所或财力、物力方面的支持；在家校合作活动中充当教师的助手和参谋；等等。家长在此过程中其实也是在为子女树立榜样，也是在履行公民的责任。

第三节　中小学积极心理健康教育评价指标体系的构建

一、构建中小学积极心理健康教育评价指标体系的原则

中小学积极心理健康教育评价指标体系设计的原则应该符合青少年学生心理发展规律，也能够贯彻落实教育部颁发的《纲要》的目标要求，提高全体学生的心理素质，充分开发青少年学生的心理潜能，培养青少年学生乐观、向上的积极心理品质，促进青少年学生积极人格的健全发展，推动中小学积极心理健康教育可持续发展。以此为出发点，中小学积极心理健康教育评价指标体系设计的原则应包括以下几点。

（一）指标与目标的一致性原则

中小学积极心理健康教育评价指标体系的各项指标是学校心理健康教育目标的具体化、行为化和操作化，因而要想充分地反映目标，就必须与学校心理健康教育的目标保持一致。

中小学积极心理健康教育评价指标体系的指标与学校心理健康教育目标的一致性还蕴含着评价指标系统内的各项具体指标的一致性。因此，学校在设计中小学积极心理健康教育评价指标体系的时候，不能把两项互相冲突的指标放在同一系统内。如果同一系统内有两项指标相互冲突，就说明这两项指标中至少一项是不符合目标的。这种情形容易导致人们在具体的评价实践中失去方向或判断失误，使学校心理健康教育偏离目标、迷失方向。指标与目标的一致性原则要求学校在设计指标体系时以目标为出发点，指标即具体的目标、目标的具体。

（二）指标的直接可测性原则

指标的直接可测性原则是指中小学积极心理健康教育评价指标体系中的

各项指标作为学校心理健康教育具体的目标、目标的具体化，能够用操作化的语言加以描述、定义，各项指标所规定的内容能够通过实际的观察加以直接测量以获得明确的评价结论。中小学积极心理健康教育评价指标体系中的各项指标的可测性原则表现为以下三个方面：

（1）在中小学积极心理健康教育的实际活动中可以观察到的指标，如文字材料、硬件设施等。

（2）在中小学积极心理健康教育的实践活动中，能够通过行动体现出来的指标，如教学活动、学生表现。

（3）中小学积极心理健康教育评价指标体系的各项指标能够量化、能够测量。

（三）指标体系内各项指标相互独立原则

指标体系内各项指标相互独立原则是指中小学积极心理健康教育评价指标体系内同一层次的各项指标不相互重叠，不存在因果关系。指标体系内各项指标相互独立原则有利于避免因重复冗长的指标而加大评价的工作量和重复记分，确保评价的可行性和评价结果的科学性。

（四）指标体系的系统性原则

指标体系的系统性原则是指中小学积极心理健康教育评价指标体系的各项指标能够系统地反映评价对象，能够概括中小学积极心理健康教育各个方面的特质，能够再现和反映学校心理健康教育的目标。指标体系的系统性原则要求中小学积极心理健康教育评价指标体系的各项指标能够评价学校心理健康教育的各个方面的合力作用，既注重整体的协调性，又关注个别的重要性。

（五）指标体系的客观性原则

中小学积极心理健康教育评价指标体系的客观性原则是指中小学积极心理健康教育评价指标体系的各项指标应该符合本地、本校的学校心理健康教育水平，符合本地、本校的学校心理健康教育的实际情况。指标体系的客观性原则确保了中小学积极心理健康教育评价指标体系的各项指标有足够的信息资料论证，也就能够收集到充分的数据确保评价的可行。

（六）指标体系的积极性原则

中小学积极心理健康教育评价指标体系的积极性原则是指中小学积极心理健康教育评价指标体系的各项指标既尊重传统学校心理健康教育评价指标体系的基本原则，又强调“积极性”的原则，即指标体系应突出正面引导（正面引导中小学生对生命的热爱和珍惜、对周围正在发生或已经发生的事情的积极认识）、分享欢乐（鼓励学生分享欢乐）、开发潜能、培养品质、学会应对（学习、生活）、全员参与、团体为主、体验为主。

二、中小学积极心理健康教育评价指标体系的指标设置依据

中小学积极心理健康教育是指中小学教育者在实施学校积极心理健康教育的过程中，根据个体的生理和心理发展特点，以积极性、发展性和向善性为价值取向，施以积极的内容、方法，充分开发受教育者的心理潜能，努力培养受教育者积极心理品质，促进受教育者身心健康、和谐发展的学校教育活动。因而，中小学积极心理健康教育评价指标体系要以中小学积极心理健康教育的评价取向、评价内容、评价目标为理论依据。

（1）评价取向。中小学积极心理健康教育是克服了传统的学校心理健康教育把重心放在有问题的学生和学生的问题的指导思想，提出要坚持积极、发展、和善的评价取向，加强学生自身积极因素的研究，注重学生的潜能开发。

（2）评价内容。中小学积极心理健康教育应以积极的内容、方法为主。

（3）评价目标。中小学积极心理健康教育坚信学生拥有潜在的和建设性的力量、美德。因而在具体的实施过程中，教育者要用积极的心态认识、分析学生的心理现象，引导学生解决所遇到的心理问题，促进学生积极体验，建构积极的环境支持系统，激发学生内在的心理潜能。因而，促使学生心理免疫力和抵抗力得到大幅度提升，促进学生身心和谐、健康、持续发展，从而塑造与和谐社会相匹配的充满乐观、希望和积极向上的美好心灵是中小学积极心理健康教育的目标。

三、中小学积极心理健康教育评价指标体系的内容

（一）组织管理

学校的组织管理是中小学积极心理健康教育能否顺利开展和高效实施的重要保证。学校的组织管理包括校长对中小学积极心理健康教育的重视程度、中小学积极心理健康教育教研室的地位以及各项工作顺利开展的计划、安排、制度。

1. 校长重视

通常情况下，中小学积极心理健康教育的组织管理模式主要分为以下四种（图 6–1 至图 6–4）。

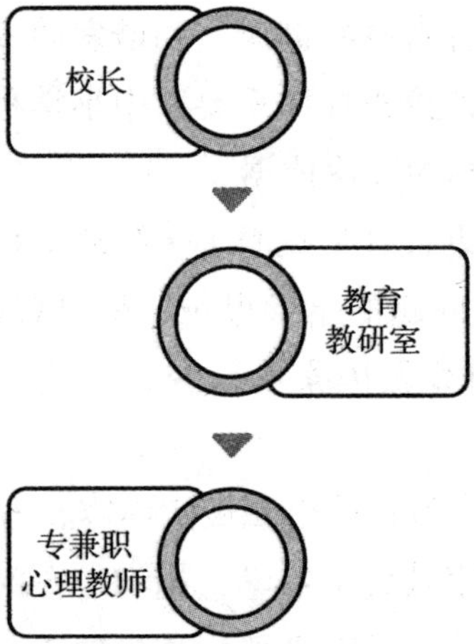

图 6–1　行政管理模式

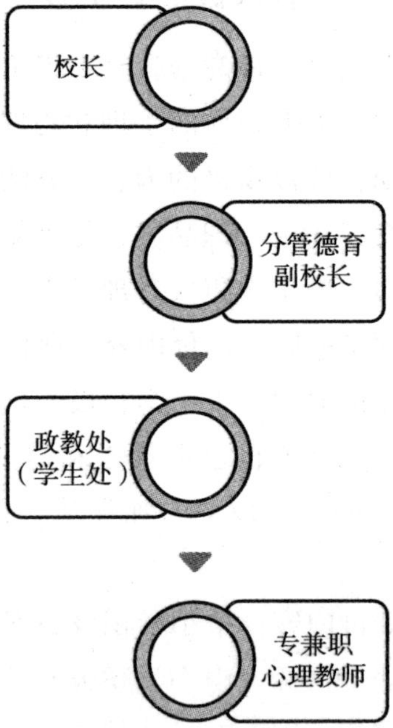

图 6–2　德育管理模式

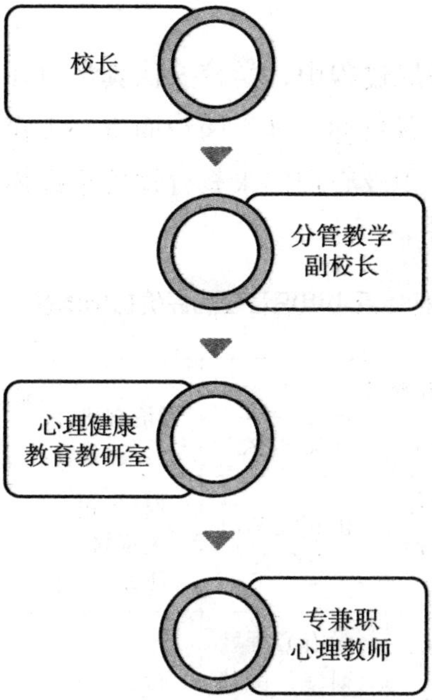

图 6-3　教学管理模式

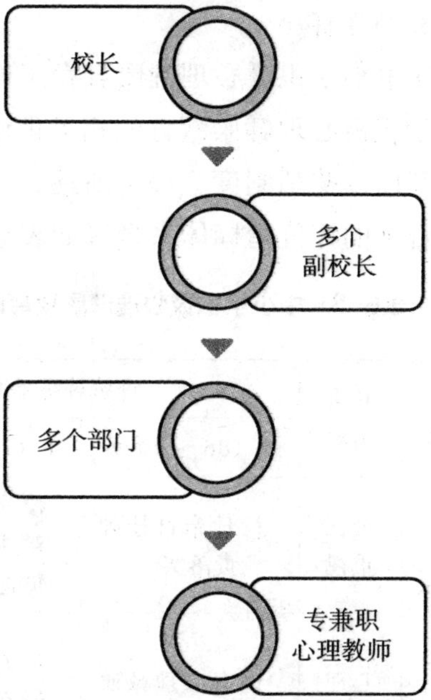

图 6-4　多部门负责模式

行政管理模式下，校长重视、行政挂帅，亲自主持中小学积极心理健康教育工作，推动中小学积极心理健康教育纵深发展。各地的实践研究证明，校长在中小学积极心理健康教育工作中能够积极、主动地谋划、组织、实施各项工作，指挥、协调各部门、全体老师支持、协助、参与各项工作是学校心理健康教育成功开展的关键。因此，中小学积极心理健康教育评价指标体系选择行政管理模式。

德育管理和教学管理模式的实施效果较行政管理模式稍次，但也能保证中小学积极心理健康教育各项工作的开展。较不理想的是多部门管理模式，处于无人管理的状态。

2. 心理教研室

中小学积极心理健康教育教研室是推动中小学积极心理健康教育开展的行政和教研机构。设置中小学积极心理健康教育教研室，有利于中小学积极心理健康教育的顺利开展。教研室的主任是学校中层领导，直接对校长负责。心理教研室的地位和作用直接决定了学校心理健康教育在整个学校中的发言权，也决定了中小学积极心理健康教育工作的顺利开展。

3. 制度健全

在中小学积极心理健康教育工作的开展过程中，学校要认真学习并遵循中小学积极心理健康教育的相关理论，设置目标管理、岗位职责、工作和培训方案以及奖惩制度。综上所述，中小学积极心理健康教育评价指标体系中组织管理的评价指标体系设置如表 6-3 所示。

表6-3　中小学积极心理健康教育评价指标体系中组织管理的评价指标体系

Ⅰ级指标	Ⅱ级指标	评价等级标准及量化赋分			评价方法	最后得分
		A（86～100）	B（70～85）	C（60～70）		
组织管理	校长重视	校长亲自挂帅负责落实	校长参与，对主管校长负责	由相关部门主任负责	检查相关资料、座谈	
	心理教研室	设有心理教研室及主任，直接对校长负责	设有心理教研室及主任，对主管校长负责	设有心理教研室，由其他部门主任兼管，对副校长负责	检查相关资料、座谈	
	制度健全	有积极的、健全的管理制度	有较健全的管理制度	有管理但不够健全	检查相关资料、座谈	

（二）硬件设施

中小学积极心理健康教育评价指标体系中的硬件设施指中小学积极心理健康教育工作需要的物质条件，主要包括专项经费、心理咨询与辅导工作室及团体辅导室、学生心理档案与其他辅助设备、报纸杂志与音像制品。

1. 专项经费

学校财政预算中有满足中小学积极心理健康教育工作需要的专项经费，且确保经费到位。学校设立心理健康教育专项经费是中小学积极心理健康教育的物质保证，主要用于开展中小学积极心理健康教育所必需的心理辅导室建设经费、心理辅导资料与设备经费、教育教学科研经费、师资培训经费、心理健康教育活动经费和目标管理与考核奖励经费等。

2. 辅导室建设

中小学积极心理健康教育评价指标体系中的辅导室建设要求以积极心理学为指导，建设心理咨询与辅导工作室及团体辅导室。

（1）心理辅导室名称的设置要坚持以体验为出发点，选用轻松、贴近学生的又易于被学生接受的名称，如心理加油站、心语室、知心屋、谈心室、聊天室、心情吧等。

（2）心理辅导室地点的选择要坚持安静和方便的原则，设在远离人口流量大的教学区和办公区，以便于学生心理咨询营造一种安全、温馨的氛围，有助于学生心理辅导。

（3）心理辅导室设备的基本配置：舒适且温馨的座椅（沙发）、茶几、办公桌、钟表、饮水器具、面巾纸、计算机、打印机、心理图书资料、资料柜、电话等。条件较好的还可以配备电视机、影碟机、投影机、摄像机、收音机、小型情绪调节器械、常用心理测量工具和统计软件。

（4）心理辅导室环境的布置，语言方面不仅要有相关的咨询辅导的规章制度、咨询工作人员工作守则，还要有积极心理暗示、积极心理宣传的语言；硬件方面整个房间的布置以简洁、温馨、舒适、安全为主，以符合不同学段学生特点为原则，房间的隔音效果应达到一定的标准。

3. 学生心理档案与其他辅助设备

学生心理档案与其他辅助设备，是心理教师根据学生身心发展阶段的特点，通过心理咨询与辅导的方法，从学生的个人简介、家庭情况、学习表现、智力水平、个性特征、心理状况以及学习动机和态度、思想品德和价值观等各方面对学生进行描述和评价，并将描述和评价的结果分类保存，作为心理咨询与辅导的参考依据。将学生每一发展阶段的信息不断存入心理档案，使学生心理档案动态化，还可作为教育效果评价、教育改革和教育研究的主要参考依据。

4. 报纸杂志与音像制品

中小学积极心理健康教育的报纸杂志与音像制品是中小学积极心理健康教育的必要装备，是学校教育工作者工作和自我充电的重要工具。

综上所述，中小学积极心理健康教育评价指标体系中硬件设施的评价指标体系设置如表 6-4 所示。

表6-4　中小学积极心理健康教育评价指标体系中硬件设施的评价指标体系

Ⅰ级指标	Ⅱ级指标	评价等级标准及量化赋分			评价方法	最后得分
		A（86～100）	B（70～85）	C（60～70）		
硬件设施	专项经费	校长亲自挂帅负责落实	校长参与，对主管校长负责	由相关部门主任负责	检查相关资料、座谈	
	辅导室建设	辅导室建设科学，设施齐全	辅导室建设较为科学，设施较为齐全	设有辅导室，且有一定的配置和布置	实地考察	
	学生心理档案与其他辅助设备	有大量学生心理档案与其他辅助设备	有较多学生心理档案与其他辅助设备	有少量的学生心理档案与其他辅助设备	实地考察、检查相关资料	
	报纸杂志与音像制品	有丰富的报纸杂志与音像制品	有报纸杂志与音像制品	有少量的数卡杂志与音像制品	实地考察、检查相关资料	

（三）队伍建设

1.专兼职心理健康教育教师

有一定数量的专兼职心理健康教育教师；有明确的专兼职心理教师岗位职责，心理教研室面向全体学生开展心理健康教育活动课、团体心理辅导活动、做好个别学生咨询与辅导、做好学生心理状况分析、做好家长辅导、加强学校隐性文化建设及辅导室建设；积极主持、参加中小学积极心理健康教育课题研究；积极参加各级教研部门组织的心理健康教育教学活动。

2.心理教研室主任

设有专职的心理教研室主任；有明确的心理教研室主任的职责，中小学积极心理健康教育教研室主任在校长的领导下负责制定本校积极心理健康教育工作方案，撰写工作总结；有计划地安排心理教师的积极心理健康教育咨询与辅导、活动课、选修课、讲座；有计划地安排全校教师的心理辅导活动；有计划地开展家庭教育活动；有计划地安排心理健康教育教师的培训；制定出心理健康教育教师的岗位职责、评比方案、奖惩制度；抓好中小学积极心理健康教育的课题研究；加强中小学积极心理健康教育的隐性文化建设；搞好心理咨询室、团体辅导室的建设；搞好其他硬件设施的建设；及时把中小学积极心理健康教育的现状汇报给校长；积极组织、主持、参加学校心理健康教育课题研究；积极参加各级各类心理健康教育教学活动。

3. 班主任

班主任能够在心理教研室、心理教师的指导下积极主持、参加中小学积极心理健康教育工作，开展好本班的活动课、辅导活动、家庭教育活动；搞好本班的班级建设，组织本班搞好校园隐性文化建设，及时将本班学生心理状况报告给心理教研室，协助搞好学生心理辅导，积极主持、参加中小学积极心理健康教育课题研究；积极参加各级各类心理健康教育教学活动。

4. 学科教师

学科教师能够积极主动地运用中小学积极心理健康教育的相关理论知识组织学科教学、辅导学生；积极主持、参加中小学积极心理健康教育课题研究；积极参加各级各类心理健康教育教学活动。

5. 学校领导

学校各层领导积极主动地组织、支持、参与中小学积极心理健康教育活动，把中小学积极心理健康教育纳入学校教育教学常规管理，积极主持、参加中小学积极心理健康教育课题研究，且积极参加各级各类心理健康教育教学活动。综上所述，中小学积极心理健康教育评价指标体系中队伍建设的评价指标体系设置如表 6–5 所示。

表6-5 中小学积极心理健康教育评价指标体系中队伍建设的评价指标体系

Ⅰ级指标	Ⅱ级指标	评价等级标准及量化赋分			评价方法	最后得分
队伍建设	专兼职心理健康教育教师	有足够数量专兼职心理健康教育教师且接受过专业学习	有一定数量的专兼职心理健康教育教师且接受过专业学习	有少量兼职心理健康教育教师且接受过专业学习	查看资料、座谈	
	心理教研室主任	有专职的心理教研室主任且经常组织、指导教研活动	有专职的心理教研室主任能组织、指导教学科研活动	有兼职的心理教研室主任能组织、指导教学科研活动	查看资料、座谈	
	班主任	能主持搞好本班学生心理辅导、家长学校	能协助搞好学生心理辅导、家长学校	能参与学生心理辅导、家长学校	查看资料、座谈	
	学科教师	能够主动地运用中小学积极心理健康教育的相关理论知识组织学科教学、辅导学生、课题研究	能够主动运用中小学积极心理健康教育的相关理论知识组织学科教学、辅导学生、课题研究	能够尝试运用中小学积极心理健康教育的相关理论知识组织学科教学、辅导学生、课题研究	查看资料、座谈	
	学校领导	积极主动地主持、组织、支持、参与中小学积极心理健康教育活动	积极主动地参与中小学积极心理健康教育活动	组织、支持参与中小学积极心理健康教育	查看资料、座谈	

（四）实施途径

中小学实施积极心理健康教育，必须要建立以学校校长为统领（一把手工程），以专兼职心理教师为主，以心理教研室为核心，以班主任为骨干力量，以学科教师为主力军，以学生家长为后援，以正向的校园隐性文化为积极氛围的立体式网络。

1. 积极心理健康教育活动课

中小学积极心理健康教育活动课是中小学积极心理健康教育的主要实施途径，无论从对象的全体性还是内容的系统性，都充分地指向中小学积极心理健康教育的目标。因此，中小学积极心理健康教育活动课应纳入学校常规课程。首先，要定期、定课时开设。其次，要按不同学段，有系统地选用不同的内容；同时，活动课的开设要遵循中小学积极心理健康教育的相关要求，核心要突出“积极”。最后，实施积极心理健康教育要突出“积极”效果，即培养学生积极心理品质和开发学生心理潜能效果明显。

2. 积极心理辅导

学校积极心理辅导主要针对部分学生或者个别学生所进行的团体辅导或个别辅导。学校要针对专题进行团体辅导，针对个别学生开展个别辅导。对于个别辅导，实行学生动态心理档案管理制度。无论是团体辅导还是个别辅导，学校应强调情境性、互动性、参与性和体验性。因此，心理教师要创设积极的情境，采用“工作坊”等教学模式，鼓励学生积极体验，用积极的视角分析、诠释各种现象和问题，促进学生心理和谐、健康发展。在团体辅导中，学校要更多地关注“沉浸体验、乐观、天赋、智慧、情绪、智力、创造力”等主题。

3. 学科渗透

学科教学是中小学常规教育教学的中心工作，也是学校教育工作的基本途径和主要方式。在学科教学中渗透中小学积极心理健康教育，对中小学生的知识文化教育和心理健康教育起到潜移默化、事半功倍、面向全体、正面引导的良好效果。

（1）教师课前准备要渗透中小学积极心理健康教育。一是教师有积极的心理环境的准备，即教师在上课前要做好内心活动的准备，如积极的情绪、向上的精神、健康的心态等；二是教师要有积极人格的准备，即教师要拥有睿智、勇敢、公正、仁慈、律己、卓越等积极人格，而有人格缺陷的教师是不允许进课堂的；三是教师要有授课时所需知识的准备，即教师在进课堂前，不仅要研究和整理教材内容，还要查阅和收集与教学内容相关的资料和信息，丰富将要进行的教学内容，以满足不同层次学生的学习需要。

（2）教学内容与教材处理要渗透中小学积极心理健康教育。一是努力挖掘教材，寻找内容中与中小学积极心理健康教育的对应点，研究教材中的内容和例子，创设情境，引导学生通过品一品、议一议和评一评等的方式，渗透中小学积极心理健康教育；二是将中小学积极心理健康教育有目的、有计划地与各学科紧密结合。

（3）教学方法与教学策略要渗透中小学积极心理健康教育。在教学方法与教学策略上，教师要尽可能地用积极健康、生动活泼的方式，增加学生的积极情感体验，使学生健康、快乐、积极、主动学习；教师还要注重学科学法的指导，培养学生自我评价和自主学习的能力；课堂内外，教师都要鼓励学生大胆质疑，树立培养学生创新能力的意识。

（4）学科教学过程要渗透中小学心理健康教育。教师要考量学习活动中的积极心理因素，要突出学生的主体地位，要调动学生主动参与学习活动的积极性，要注重学生内心的积极体验和积极感悟，要注重培养学生积极的意志品质以提高学生耐挫、抗挫能力。

（5）课堂心理环境要渗透中小学心理健康教育。构建积极的环境是中小学积极心理健康教育的核心内容。在学科教学中，教师要创建积极的课堂心理环境，即教师要营造开放、积极、健康、向上、宽松的学习氛围，善于借助幽默的语言去创造有利于师生情感沟通的课堂气氛。

（6）教学组织和评价过程要渗透中小学积极心理健康教育。人们所提倡的中小学积极心理健康教育下的学科教学活动，要求教师面向全体学生，为每一位学生获得成功和自信提供均等的机会。在评价活动中，教师要以发展型评价为主，关注每位学生的发展。

（7）课外活动与课后作业要渗透中小学积极心理健康教育。新课程改革强调探究性学习，重视对学生课堂外的学习指导，尤其是课外活动和课后作业的指导。课外活动要以增强学生的积极心理体验、使学生感受到学习的乐趣为目标和内容；课后作业要符合学生的身心特点，以实践性为主，不留机械性、重复性的作业。

4. 家长学校

家长学校是家长和家庭教育的重要途径。家长和家庭的积极支持和紧密配合不仅有助于了解学生的心理变化和行为原因，还有助于心理辅导和方案制定、实施。在家长学校中，学校要采取开设心理健康教育课程、建立家校联络卡、提高家教水平、召开亲子家庭会议等形式，帮助家长加强学习和运用积极心理健康教育方法的自觉性，增强实施家庭积极心理健康教育的能力；搭建平台，引导家长参与到中小学积极心理健康教育的活动中来，促进家长和孩子共同成长；为家长提供心理辅导，努力消除家庭教育中的心理困惑。

5. 课题研究

中小学积极心理健康教育是学校心理健康教育的一次深刻的革命性的运动。这一深刻变革，必将促进学校心理健康教育的三大转型：一是指导思想的转型，由消极、被动、补救向积极、主动、预防和发展的指导思想转型；二是研究对象的转型，由个别学生和学生的问题向全体学生以及开发心理潜能、提高心理素质的研究对象转型；三是教师团队的转型，从专职心理教师的专门心理辅导服务向全员参与的全过程、全方位服务的教师团队转型。要实现这些转型，就要加强中小学积极心理健康如中小学积极心理健康教育的方向与目标、任务与功能、对象与内容、原则与特点、途径与方法、效果与评价等方面的理论与实践研究。

6. 中小学积极心理健康教育的隐性文化建设

中小学积极心理健康教育的隐性文化建设主要是指利用学校的广播、报刊、专栏、过道、走廊、墙壁、黑板、橱窗，进行中小学积极心理健康教育的知识普及和宣传，一方面，对师生进行中小学积极心理健康教育知识的普及；另一方面，对师生进行中小学积极心理健康教育辅导。在实施中小学积极心理健康教育的隐性文化建设过程中，要注意三点：一是注意知识的针对性，针对师生某个时期的突出问题，针对社会热点问题；二是注意时效性，要定时、定期地更换、更新知识；三是注意普及性，要少讲理论、多举案例。

综上所述，中小学积极心理健康教育评价指标体系中实施途径的评价指标体系设置如表 6-6 所示。

表6-6 中小学积极心理健康教育评价指标体系中实施途径的评价指标体系

Ⅰ级指标	Ⅱ级指标	评价等级标准及量化赋分			评价方法	最后得分
实施途径	积极心理健康教育活动课	活动课纳入常规教学；内容符合学生年龄段；核心是突出“积极”	定期开设活动课；内容符合学生年龄段，核心是突出“积极”	偶尔开设活动课；内容符合学生年龄段，核心是突出“积极”	查看资料、座谈、听课	
	积极心理辅导	经常举行针对性专题辅导活动；核心是“积极”；实行学生动态心理档案管理制度	定期举行针对性专题辅导活动；核心是“积极”；实行学生动态心理档案管理制度	偶尔举行针对性专题辅导活动；核心是“积极”；实行学生动态心理档案管理制度	查看资料、座谈	
	学科渗透	课前准备、教学内容与教材处理、教学方法与教学策略、学科教学过程、课堂心理环境、教学组织和评价过程、课外活动与课后作业等环节实施学科渗透	课前准备、教学内容与教材处理、教学方法与教学策略、学科教学过程、课堂心理环境、教学组织和评价过程、课外活动与课后作业等环节基本能做到学科渗透	课前准备、教学内容与教材处理、教学方法与教学策略、学科教学过程、课堂心理环境、教学组织和评价过程、课外活动与课后作业等环节部分能做到学科渗透	查看资料、座谈、听课	
	家长学校	定期开设家长心理健康教育课程；定期开展亲子辅导活动；其他活动	不定期开设家长心理健康教育课程；不定期开展亲子辅导活动	偶尔开设家长心理健康教育课程；偶尔开展亲子辅导活动	查看资料、座谈、听课	
		主持省级以上中小学积极心理健康教育的课题（或项目校）1项	主持市级以上中小学积极心理健康教育的课题（或项目校）1项	参与省级以上中小学积极心理健康教育的课题	查看资料、座谈	
		加强积极的隐性文化建设，且经常更新	加强积极的隐性文化建设，且定期更新	加强积极的隐性文化建设，偶尔更新	查看资料、座谈、实地考察	

第七章　大学生积极心理健康教育

第一节　大学生积极心理品质培养研究

一、积极心理品质概述

（一）心理品质

心理品质是个体的本质特征，通过心理过程和个性心理特征两个方面表现出来。心理过程包括三个方面，分别为认识、情感和意志。认识包括感觉、知觉、记忆、思维；情感是指个体对事物的态度和体验，包括主观体验、身体、生理和外部情绪行为的变化；意志是指人自觉地确定目的，并付出行动，去实现预定目标的心理倾向。个性心理特征是指个体经常地、稳定地表现出来的心理特征，比如性格、气质等。心理品质可以通过后天实践不断学习积累而成。不同的个体有不同的成长和教育经历，因此每个人的心理品质也不同。综上所述，心理品质是以个体的生物遗传为基础，经过社会化的过程，由个体的思维、行为等所表现出来的比较稳定的心理特质。

（二）积极心理品质

积极心理品质指的是个体在先天潜能和环境教育交互作用的基础上形成的相对稳定的正向的心理特质。

二、大学生积极心理品质

（一）大学生积极心理品质的定义

目前，学术界对大学生积极心理品质的定义还未明确统一，根据以往这一概念的研究整合，笔者认为大学生积极心理品质是指大学生个体在先天生理发展过程与后天社会化过程相互影响下形成的正面、积极、稳定的心理特质，这些心理特质能够使大学生拥有积极的认知、情绪、意志、社会适应能力等，增强大学生的获得感、主观幸福感和自我效能感。

（二）大学生积极心理品质的特征

大学生积极心理品质主要有以下四个特征，如图 7-1 所示。

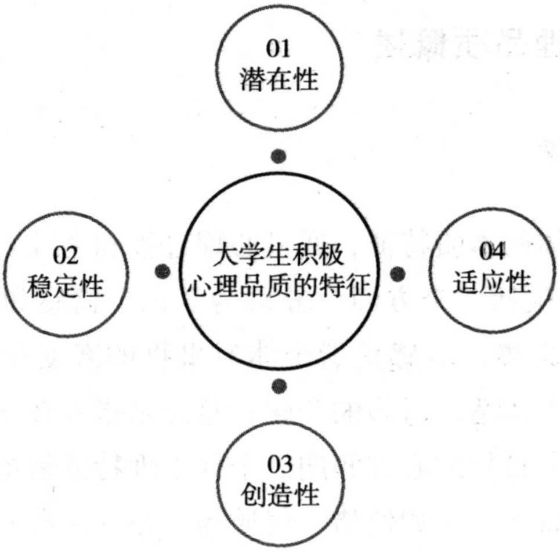

图 7-1　大学生积极心理品质的特征

1. 潜在性

积极心理品质稳定、潜藏、内因于个体之中，通常难以被发现和捕捉。由于个体之间的差异性和生活成长环境的不同，个体的心理品质并不直接显现出来，通常是在一定条件下，个体与外界环境的互动过程中，以个体的思维方式和行为方式显现出来，这种互动表明积极心理品质可以被塑造和培养。因此，在教育过程中，教育者要不断挖掘和培养大学生的积极心理品质。

2. 稳定性

稳定性是指由于心理品质的形成是先天因素和后天环境长期作用下形成的，因此不会因为短期的时间或外界因素的刺激而发生明显的变化。积极心理品质的稳定性主要体现在两方面，一方面，当大学生遇到困难或挫折时，不会让自己陷入消极的情绪或状态中，而是用积极向上的态度面对困难，辩证地看待挫折，化压力为动力，勇往直前，克服阻碍；另一方面，积极心理品质对大学生的影响是持续的，在不同阶段、不同环境都会影响着大学生，并随着大学生内在发展和外界环境的熏陶使积极心理品质有一定的提升，促进大学生全面发展。

3. 创造性

创造性的体现在于个体是否形成健康的人格，健康的人格有利于大学生发挥创造力促进自我实现。积极心理品质可以激发大学生的潜能和创造力，培养创造性思维能力，拥有积极向上的精神状态和积极的人格，使人思维活跃，善于学习和思考，当遇到困难与挫折时能够充分发挥自身的建设性力量积极探索解决办法，不断实现自我发展。

4. 适应性

适应性是指积极心理品质可以帮助个体在自我发展和与外界环境相互影响、作用的过程中，能够积极地、及时地调整自己的状态，使自己适应环境，也可以激发个体的潜能去创造条件，改变环境来促进自我发展。步入大学，大学生会面临许多困惑与问题，如学业、情感、社会交往、择业等，不同心理品质的强弱差异会影响大学生是否能够更妥善地解决问题。拥有良好心理品质的大学生可以根据实际情况及时调整自身状态与解决问题的方式，表现出较强的自我适应性，保持积极向上的心理状态。

（三）大学生积极心理品质的六大维度

大学生积极心理品质由认知、人际、情感、公正、节制、超越六大维度组成，如图 7–2 所示。

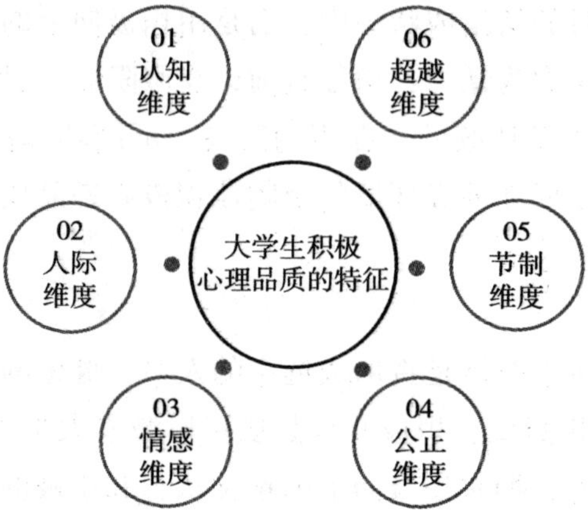

图 7-2　大学生积极心理品质的六大维度

1. 认知维度

认知是个体认识客观世界的信息加工过程，包括感觉、知觉、记忆、想象、思维等认知活动。大学生积极心理品质在认知维度上的体现包括创造力、好奇心、爱学习、思维开阔等品质。创造力指的是新奇的思维方式和有建设性的行为方式。创造性的体现有两个标准：一是原创性，具有创造性的人能够生成新奇的、不同寻常的原创性的思想和行为；二是适应性，个体的原创性思维和行为必须对个体或他人的生活起到积极作用。好奇心包括活动认知、追求以及个体对挑战机会的反应经验控制，表示个体对经验和知识的内在渴求，具有探索和发现精神。爱学习也就是好学，是一种被新信息和技能吸引，并且能够对抗挫折和挑战等消极反馈的积极情绪过程，是一种系统性扩充自己知识的倾向。思维开阔指的是全面、透彻地思考问题，尊重事实的品质，能够提高大学生洞察事物本质的能力。

2. 人际维度

人际是社会上人与人之间的交往和交际。大学生积极心理品质在人际维度上的体现包括真诚、勇敢坚持和热情。真诚是指个体真实地面对自己和他人，在私人和公共场合准确表达自己内心的状态、意愿和承诺，并且对自己的情感和行为负责任。勇敢坚持是一种积极情绪特质，是指在随时可能出现危险的环境里去努力获取，坚持自己或他人认为好的但却没能实现的事物。勇敢性的体现有三个标准：一是勇敢的行为是自愿的；二是勇敢需要有危险、风险、损失或潜在的伤害存在；三是勇敢必须对风险有判断，并且准备好接受风险，甚至是接受无法预估的风险。勇敢坚持的价值在于使人们抑制对危险的即时反应，并且评估行为的可接受性。热情是以一种热烈、积极、主动、友好的情绪或态度去对待人或事。

3. 情感维度

情感是人在社会实践活动中产生和发展起来的，是一种比较深沉、含蓄的态度体验。大学生积极心理品质在情感维度上的体现包括感受爱、爱与友善和社交智慧。感受爱是指个体能够感受到他人或集体给予的关怀和爱，一方面，能够感受到给予个体的爱；另一方面，能够感受到他人的善良、人与人之间爱的传递，并心存感动。爱与友善是相互联系的两个部分，爱是对他人的认知、行为和情感的态度，友善是一种乐于助人、关心他人的人道主义主张，是与唯我论相对的一种取向，不出于功利主义的目的认为别人本来就是值得被关注和爱的。社交智慧指的是能体察自己与他人的动机与情绪，懂得怎样恰当地与他人相处和做事，在情绪的体验和处理能力上表现敏锐。

4. 公正维度

公正是指公正、平等地看待所有人、一视同仁，不受个人感情影响，具有广泛的社会性，是道德判断的产物，是健康社会的文明优势。大学生积极心理品质在公正维度上的体现包括团队精神、正直公平和领导能力。团队精神是一种对团体忠诚的责任意识和积极参与团队活动的品质，拥有团队精神优势的人有很强的公正意识和责任感，为团队的利益而不是个人利益而工作，努力做好分内事情，是一种对朋友忠诚和自我奉献的精神；正直公平是一种一视同仁、公平对待的道德判断产物和一种公民性的优秀品质；领导能力是一种固有的社会现象，是指个体认知和情绪能力的整合，能够去影响、激发、指导和帮助他人或集体获得成功，这种品质可以帮助团体有效地、顺利地实现目标。

5. 节制维度

节制是一种抵制过度的积极特质，并且是每个公民应具备的美德。大学生积极心理品质在节制维度上的体现包括宽容、谦虚、审慎和自制。宽容是指个体能够接受他人的弱点，并且在受到其他成员的冒犯和损害时产生的一种亲社会的行为表现；谦虚是指不以自我为中心，能够倾听别人，并且对自己的优点和成就有适当的估计；审慎属于个体认知导向特征，是一种实践推理和自我管理形式，审慎的个体做事有远见，会慎重地考虑他们的行为，小心决策，避免冲动，有利于目标的实现；自制是指个体控制自己的反应以达成目标和符合标准，如自制就像在寒冷的早晨把充满睡意的人从床上拉起来。

6.超越维度

超越是自己与全宇宙相联系，从而为生命提供有意义的积极特质，是人生的最高境界。大学生积极心理品质在超越维度上体现为三点：心灵触动、希望与信念、幽默风趣。心灵触动包括感恩和审美，感恩是对自己的收益源于别人的付出的感知、欣赏而表现出来的感谢，可以促进个体与他人的幸福感；审美是一种对美和卓越的发现和欣赏的能力，审美能力是发现、识别存在于自然和社会上的美好事物，体验由此带来的快乐，使生活更有意义。希望与信念是一种指向未来的认知、情绪和动机，是一种期待未来更美好，并且为此进行努力，感到自信，向着目标前进的积极品质。幽默风趣是指给人带来快乐和欢笑，并且可以在逆境中展示积极的一面，让人摆脱不良情绪。

三、新时代大学生积极心理品质

（一）新时代大学生积极心理品质的定义

青年兴则国家兴，青年强则国家强。新时代的大学生作为肩负新一代使命和责任，满载希望和力量的特殊群体，在认知、情感、意志行为方面具有鲜明的特征。因此，笔者认为新时代大学生积极心理品质是指大学生个体在先天自我发展和后天环境影响交互作用的基础上形成的相对稳定且积极的，能够促进大学生坚定理想信念、练就过硬本领、勇于奉献担当的，能够促进大学生全面发展、适应社会、实现伟大复兴的中国梦更为重要和有发展意义的一种心理品质。

（二）新时代大学生积极心理品质的特征

新时代背景下，大学生积极心理品质的特征除了上面所述的潜在性、稳定性、积极性、创造性、适应性之外，结合时代特征和大学生积极心理品质发展的表现，笔者对此进行了以下补充，如图 7-3 所示。

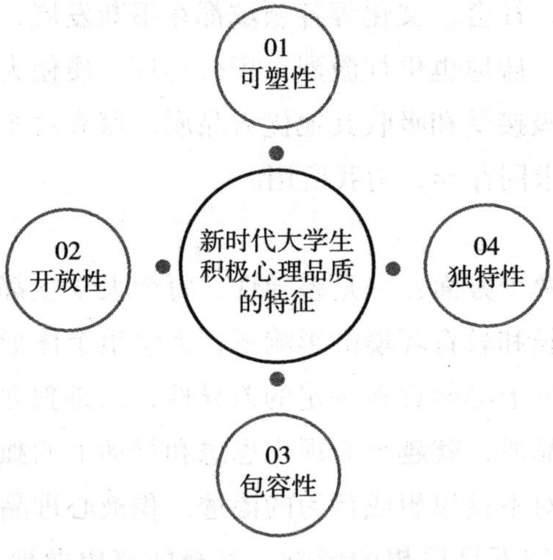

图 7-3　新时代大学生积极心理品质的特征

1. 可塑性

可塑性主要表现在两方面。一方面，大学生积极心理品质是可变的，虽然积极心理品质具有稳定性，但不代表它是一成不变的，大学生心理发展尚不成熟，外界环境的变化会对他们的心理品质产生一定的波动。另一方面，大学生积极心理品质是可育的，积极心理学理论解释了个体本身就固有积极因素，且其可变性也说明了积极心理品质是可以通过后天良性环境的影响和良好教育培养出来的。

2. 开放性

开放性表现在两个方面。一方面，大学生积极心理品质能够使个体以开放的态度“引进来”其他良好的、积极的、能够促进个体进步和发展的因素。消极的心理品质会阻碍个体在认知、情感、意志等心理过程中的良好发展，而积极心理品质帮助大学生形成正确的认知，使其更加自觉地去接受和吸收对自身发展有利的元素。另一方面，积极心理品质也能够帮助大学生个体以开放的态度使自身的不良品质“走出去”，不但有利于大学生挖掘自身潜力，增强积极力量，而且有利于大学生克服自身存在的不良心理品质，有效预防和阻止不良心理品质对大学生带来的消极影响。

3. 包容性

大学生积极心理品质的包容性主要体现在“以我为主，为我所用”。在新时代，我国经济、社会、文化等各领域都在不断发展，世界各国不同文化之间的交流、融合、碰撞也更加激烈，积极心理品质使大学生不断提升自身的素质和性格，积极接受和吸收其他优秀品质，摒弃对个体发展有阻碍的不良心理品质，做到求同存异，为我所用。

4. 独特性

独特性表现在两个方面：一是差异性，每个大学生都是不同的、独立的个体，在不同的成长和教育环境的影响下，大学生个体形成的积极心理品质在种类、数量和程度上必然存在一定的差异性；二是独立性，大学生个体拥有越多的积极心理品质，就越会表现出思想和行动上的独立性，大学是各种思想的聚集地，面对不良思想或行为的渗透，积极心理品质能够让大学生坚定内心，不受他人和不良思想的影响，甚至能够勇敢地与外来渗透势力做斗争。

四、大学生积极心理品质培养的理论依据

培养大学生积极心理品质的理论依据有多种，下面从人的全面发展理论和积极心理学理论为支撑进行介绍。人的全面发展理论以人的需要、人的能力、人的社会关系、人的个性为出发点，认为人应该得到普遍、充分而自由的发展。积极心理学理论为大学生积极心理品质的培养提供了理论指导，促进大学生全面发展。

（一）人的全面发展理论

人的全面发展是指人的精神和身体、个体性和社会性都得到普遍、充分而自由的发展，其内涵是较为丰富的，包括人的需要的全面发展、能力的全面发展、社会关系的全面发展和个性的全面发展。积极心理品质是人的全面发展的心理表现，也是人的全面发展的重要内容。

1. 人的需要的全面发展

马克思在《1844 年经济学哲学手稿》中，从人的本质出发指出人的需要具有多样性和层次性，分为物质需要、精神需要和社会关系需要，且三者

要和谐统一发展。人既有自然性需要，也有社会性需要，并且人的需要是无限的、广泛的，是人的本性，人的需要是激发人类从事一切活动的第一推动力，也可以说人的需要的发展就是人的全面发展的最终目标。积极心理品质能够激发自身所包含的积极力量，发挥创造力，使人充分运用自己所拥有的资源和技能，把握时机，实现目标或克服困难，实现自身的需要，并且产生新的需要，去追求更高的需要，推动人的需要的全面发展。

2. 人的能力的全面发展

人的能力的全面发展其本质就是人的体力和人的智力的综合发展，即体力劳动和脑力劳动相结合。马克思在《资本论》中强调："我们把劳动力或劳动能力理解为人的身体即活的人体中存在的、每当人产生某种使用价值时就运用的体力和智力的总和。"这也说明了全面发展人的能力是实现人的全面发展的前提和基础。积极心理品质就是帮助个体充分发挥自身潜力，挖掘个体潜在的建设性力量和能力，促进人的能力自由全面的发展。因此，积极心理品质也是人实现能力的全面发展的重要条件和表现。

3. 人的社会关系的全面发展

马克思在《关于费尔巴哈的提纲》中指出："人的本质不是单个人所固有的抽象物，在其现实性上，它是一切社会关系的总和。"人的社会关系的全面发展就是人的本质的实现，即实现人与人、人与社会、人与自然关系的和谐发展。积极心理品质有助于个体与他人进行良性互动，建立良好的人际关系，从而更好地建立各种社会关系。

4. 人的个性的全面发展

马克思认为人的个性的全面发展就是人的天赋才能的充分发展，换言之，人的个性的全面发展就是人的主体性不断提升的过程，是人的全面发展的最高体现。个性亦称人格，包含性格、气质、能力和个性倾向等多方面内容，是不同个体所具有的特有品质，表现为个体主体性和独特性的稳定的统一。人的主体性和独特性不断地提高，人就可能实现自主性和各种能力的丰富与平衡。积极心理品质有助于个体形成积极的人格特质，使积极的个性得到发展，从而促进人的全面发展。

（二）积极心理学理论

积极心理学与传统心理学不同，它更注重研究心理生活中的积极因素，用一种积极的心态来解读个体的心理现象，激发个体潜在的积极力量和优秀美德，最大限度地发挥自身潜能，实现健康幸福的生活。积极心理学理论应用于大学生积极品质培养时，主要包括三个理论：积极情绪体验理论、积极人格特质理论和积极社会支持理论，本书第二章与第三章已经对积极人格和积极情绪做了相关介绍，在此不再赘述，下面对积极社会支持理论做相关论述。

积极社会制度的建立有重要的意义，它不仅有利于个体产生积极体验，还为个体形成积极人格提供了支持，可以从三个层面来分析积极的社会制度：宏观层面如国家的各种制度以及政策方针等；中观层面如工作单位系统和生活社区系统等；微观层面如生活的家庭组织系统等。积极的社会支持系统是个体发展积极心理品质的重要环境保障，可以有效增强个体的积极心理体验，促进个体心理健康发展。

五、新时代培养大学生积极心理品质的意义

大学生是祖国的未来和民族的希望，大学生群体的成长与发展直接关系到国家的建设与发展。新时代背景下，国家和社会对大学生有了更高、更严格的要求，培养大学生积极心理品质既有利于促进大学生自身健康成长，也有利于高校实现时代新人的培养要求，同时为伟大复兴中国梦的实现奠定了有力基础。

（一）有利于大学生身心健康发展

健康是指身体、心理和社会适应三者的和谐统一。心理健康和身体健康密切相关、相互作用，身体生理状况的变化会对心理状况产生影响，引起心理（如认知、情绪和行为）的相应改变。同样，心理因素也会影响个体的身体健康状态，两者紧密相连。社会适应是指个体能够用理智冷静的态度和随机应变的能力去应对复杂多变的外界环境，能够脚踏实地地在各种状况或环境下不断进步。人的社会适应情况同样与身心健康状况是紧密相连、相互影

响的。大学阶段是大学生人格形成及发展的重要时期，在这个阶段大学生的世界观和人生观的发展受到社会环境因素的影响及来自各方面的压力，容易产生多种心理问题，而心理问题长时间得不到有效解决，会对大学生身体健康产生不良影响。当面对困难和挫折时，积极心理品质能够调动大学生的积极力量和潜能，提高意志力，增强社会适应性，不但可以唤起自身的积极力量和美德，有效预防心理疾病，而且对有心理疾病的大学生有很好的治疗作用。

（二）有利于高校培育时代新人

大学生作为促进祖国发展的年轻力量，作为中华民族伟大复兴大任的担当者，对社会的进步发展有重要的作用。积极心理学重视发展人的积极力量，认为每个人都有潜在的建设性力量，而大学阶段是大学生求知欲较为强烈，创新能力较为突出的时期，也是学习和储备专业知识，提高实践能力的成长时期，因此培养大学生的积极心理品质有利于充分激发大学生的潜能，增强大学生的能力，实现大学生的全面发展。自信、乐观、坚强、勇敢、诚实、善良、信任、友好、宽容等积极品质，不但可以使大学生以积极向上、更加饱满的精神状态投入学习中，而且可以提升大学生的主观幸福感，使大学生的认知水平、情绪状态达到最佳，使其更好地发挥创造力，提高学习效率，成为具备高素质的优秀人才，从而有利于高校培育时代新人。

（三）有利于民族实现伟大复兴

高校要注重大学生思想道德素质和科学文化素质的培养，使大学生具备责任感强、自律性强、创新能力强等良好品质，充分展现他们自信、奋进、担当的精神状态，坚定他们的理想信念，练就过硬的本领，承担国家建设和民族复兴的重任，成为推动祖国繁荣富强的中坚力量。积极的心态可以帮助大学生建立和维持和谐的人际关系，唤醒周围人潜在的积极力量，使全体社会成员产生积极的心理发展与影响，使社会充满正能量，弘扬奋进、奉献、担当的民族精神，为实现中华民族伟大复兴的中国梦而奋斗。

六、新时代大学生积极心理品质的表现

能够独立分析和解决问题。独立分析和解决问题是新时代大学生具有积极意志品质的重要表现。新时代的大学生几乎都是“95后”和“00后”，在学习上他们严格要求自己，自律性强，认真完成老师、学校布置的任务，不逃避，不依赖他人，客观地分析学习任务，由主到次，有计划的学习；在生活上，他们能够处理好自我、学习和生活三者之间的关系，能够理智分析问题，并且采取合理有效的方法解决问题。

能够积极地应对挫折。新时代大学生积极的应对挫折体现在两方面：一方面，他们勇于克服生活和学习上遇到的挫折，意志坚定，不怕失败，有强大的自信，不断学习，克服困扰，有坚韧性；另一方面，他们敢于接受机遇和挑战，不言放弃，在逆境中不断历练自己，不因挫折而改变，不因困难而屈服，以坚定理想信念实现自己的目标。

七、新时代大学生积极心理品质培养的对策

（一）培养大学生积极意志品质

意志品质是大学生积极心理品质的重要组成部分，也是高校思想政治教育的重要内容之一，意志品质作为非智力因素，对新时代大学生的全面发展有重要影响作用，培养大学生良好的意志品质，不仅有利于增强大学生克服挫折和困难的能力，更有利于新时代的大学生担当中华民族伟大复兴的大任。

1. 引导大学生辩证客观地看待挫折

新时代的大学生在意志品质方面的整体表现较好，但仍然存在部分大学生承受挫折的能力较差，面对挫折和困难表现出消极甚至极端的状态。因此，要引导大学生辩证客观地看待挫折。

（1）要学会正确认识挫折。一方面，挫折是客观存在的，在人一生的成长过程中，并不是一帆风顺的，失败和困难都是成长的一部分，要承认挫折的存在。另一方面，挫折也具有双重性，挫折会使个体遭受身体和心理的痛苦与打击，但挫折也会起到激发个体斗志、磨炼个体意志的作用，可以增强

个体的承受力和抗挫折能力，使个体走向成熟。

（2）要学会调整自己的期望水平。挫折是个体需要得不到满足而产生的情绪体验，大学生要对自身实际有清晰的认知，不应对自己有不切实际的期望，也不应有消极退让、丧失斗志的情绪。当遇到挫折时，大学生应及时调整自己的期望值，先实现较为容易的目标，再不断学习，提高能力实现更高目标。

（3）要不断提高自己的文化水平，丰富自己的知识体系，树立崇高的理想信念，并为之不懈奋斗。当个体有了较高的文化修养和坚定的理想信念，他就不怕失败，不惧挫折，因为理想具有强大的推动力量，个体的意志力是在实现理想的过程中逐渐培养起来的，而正确的理想、信念和人生观需要用知识浇灌，用知识武装自己，可以培养高尚的理想，也有助于培养良好的意志品质。

2. 运用激励方法培养意志品质

激励方法是培养大学生良好意志品质的一种有效手段。激励就是激发，鼓励、有效的激励方法可以通过激发个体的行为动机、提高和维持个体的意志水平，促使其向着预期的正确方向不断前进，最终实现目标。

（1）目标激励。目标激励是指通过设置目标来激发学生的行为动机，促使他们坚持不懈地努力，去实现设置的目标，从而使大学生的意志力得到锻炼。这里要注意的是，设置的目标要符合大学生的实际情况，根据学生的差异性，设置不同的目标，目标的设置要有一定的挑战性和可实现性，否则，目标过于容易，并不会激发大学生的意志力，目标过于复杂有难度，又会打消大学生的积极性，甚至起到反作用。设置合理的目标，让大学生在实现目标的过程中逐渐树立自信，坚定信心，从而实现更高的目标，有勇气和意志克服更大的困难。

（2）期望与赏识激励。外界的期望和赏识可以使大学生更加有勇气和信心战胜挫折、克服困难。因此，教育者要善于发现学生的特点，当学生遇到挫折和失败时要及时给予鼓励和支持，要赞美他们的优点，帮助他们重拾信心，给予勇气，鼓励大学生坚持不懈地战胜挫折，当学生取得成功或进步时，要及时给予肯定和赞赏，并表达自己的期望，增强学生的信心，培养他们积极、坚韧、勇敢的意志品质。

（3）竞争激励。通过组织各种形式的活动、比赛，调动学生的积极性，激发学生的热情，让大家参与进来，在活动中相互切磋、相互鼓舞、相互学习，激发大学生学习的热情和上进拼搏的精神，如知识竞赛、运动会、辩论赛等，激发大学生在活动中的斗志和意志。

3. 组织实践活动锻炼意志品质

（1）增强实践意识。意志品质是在实践中锻炼出来的，培养良好意志品质的有效途径就是进行实践。个体在实践活动中，需要确立目标、制订行动计划、确定行动方式、决定执行、付诸行动，所有的过程都需要意志的参与。若不付诸实践，认识或觉悟的提高都谈不上是意志的锻炼，只有在实践中反复磨炼，才能不断发现问题，找出错误，分析原因，最后通过努力解决问题，消除负面情绪，意志正是在这一系列的逆境中不断培养出来的。

（2）提高实践能力。学校可以组织各种丰富的实践活动，让大学生在实践中培养和磨炼意志品质。例如，可以组织大学生举办知识竞赛、演讲比赛、各种体育比赛，让大学生在比赛中点燃激情和斗志，在比赛中挑战自我，坚持到底，使大学生感受到团结合作的力量，培养他们的责任和担当意识；可以利用假期开展勤工俭学、青年志愿者活动等，培养大学生艰苦奋斗、自立自强的积极意志品质。

（二）增强大学生积极适应能力

适应是人类生存和发展的前提，有适应才有发展，社会适应性良好是心理健康的主要表现特征。大学生进入大学阶段，生活领域、学习领域、人际交往领域都存在着一些变化，这些变化使大学生必须经历一个适应阶段，适应能力强，大学生就能得到成长和发展。

1. 培养生活适应能力

（1）培养独立能力。独立能力是指个体不依靠他人，独自解决问题的能力，独立能力关乎个体的生存与发展。独立能力包括很多内容，本书主要指独立思考能力、人格独立能力和经济独立能力。大学生要具有独立思考、独立分析和独立解决问题的能力，遇到问题不能人云亦云，要掌握科学知识，有自己独到的见解，有自己的判断力。大学生还要有自主意识，不轻易被他人所影响，不被世俗标准所约束，做到既自律又自由，坚持人格的独立。在经济上，大学生可以通过勤工俭学获得收入。

（2）培养自律能力。自律能力是个体自我约束的一种自控能力。自律能力越强，做事情越容易取得成功，大学相对高中比较自由，在学习和生活上不会像高中一样时刻进行管理约束，要靠自身的自律性。大学生自律能力的培养要从生活中的小事做起，如可以遵循“21 天法则”，即当一件事情或者行为坚持了 21 天，就会养成习惯。同时，学校要通过制定一些规则来帮助大学生自我管理、自我约束，互相监督，提高自律能力。

2. 培养学习适应能力

随着新时代的到来，高校不但要丰富大学生的科学文化知识，而且要培养大学生的自主学习能力，学习能力的提升，可以增强大学生的学习兴趣和挖掘大学生的创造力。因此，高校应重视对大学生学习能力的引导和培养。

（1）创新教学手段，发挥大学生的主观能动性。教师要充分发挥学生的主体作用，改变传统的“填鸭式”机械教学，引导大学生学会学习，利用多种教学方法和技术激发大学生的潜能，调动大学生学习的积极性，让大学生主动参与学习的全过程，体验学习的幸福感和获得感。同时，教师要激发学生学习兴趣，变“要我学”为“我要学”，重视大学生非智力因素发展，增强大学生综合素质。

（2）营造宽松、自由的学习氛围。宽松的学习氛围可以提高大学生学习的积极情绪，积极情绪直接影响大学生的学习效率，因此教师可以采取民主教学方式，如启发式、开放讨论式等教学手段，与大学生进行平等交流，鼓励大学生主动参与，积极表达自己的见解，对内向、害羞的学生给予鼓励支持，对积极参与交流的同学给予表扬，不断地激发大学生的求知欲，培养大学生发现问题和解决问题的能力。

（三）构建积极稳定的社会支持系统

培养大学生积极心理品质需要一定的社会支持，如学校、家庭、社会，良好的社会支持系统对大学生积极心理品质的形成有一定的促进作用。

1. 发挥学校教育主导作用

学校教育是培养人才的主要途径，发挥着主导作用。下面从开展大学生积极心理健康教育、促进高校思想政治教育创新和营造积极校园文化氛围三个角度出发，探讨如何充分而又具体地发挥学校教育在大学生积极心理品质培养中的主导作用。

（1）开展大学生积极心理健康教育。20 世纪 50 年代末，英国心理学家雅霍达在其著作《当代积极心理健康观》中，首次提出了“积极心理健康”的概念。积极心理健康教育以积极心理学理念为指导，在解决大学生心理问题上采取相应措施，进而挖掘大学生的潜力，培养更多的积极心理品质，促进大学生全面发展。

首先，开设大学生积极心理健康课程。我国积极心理健康教育课程在中小学有试点，在大学正处在起步阶段，还需要深入发展，在教师队伍上，要保证积极心理健康教育教师的专业化；在课程形式和方法上，要善于借鉴其他院校先进的教学经验，探索有效的课堂教育方法。

其次，开展积极心理健康教育实践活动。实践是产生情感体验的来源，学生可以在实践活动中增强积极的情感体验。高校可以开展积极心理健康教育实践活动，通过定期举办演讲比赛、辩论赛、积极心理情景剧，在积极心理实践活动中帮助大学生找到发挥自身潜力的路径，使大学生树立正确的自我认知；还要开展积极的社会实践活动，充分利用校外资源，举办下乡支教、敬老服务、关爱特殊儿童等志愿活动，通过志愿服务过程，磨炼大学生的意志力，培养大学生优秀的品质，用自身的积极力量去帮助他人、感染他人，为社会传播正能量。

最后，把积极心理健康教育与各学科教学相互贯通、相互渗透。教学活动是高校主导的一种教学方式。一方面，教师要具有积极心理品质，并身体力行和言传身教影响和带动大学生保持积极心理。另一方面，各学科要不断创新教学内容和方法，把积极心理健康教育融入专业课的教学中，使培养大学生积极心理品质的过程持续化、常态化、创新化，有助于大学生建构健康的人格和形成积极心理品质。

（2）促进高校思想政治教育创新。思想政治教育和积极心理品质两者相互联系，互为条件。高校思想政治教育为培养大学生积极心理品质奠定了思想基础，指明了方向，而大学生积极心理品质的培养又推动了高校思想政治教育的发展，提高了思想政治教育的实效性。

首先，要强化大学生理想信念教育。理想信念教育是新时代思想建设的重要战略任务，也是大学生自身成长成才的内在要求。《关于加强和改进新形势下高校思想政治工作的意见》强调，“要强化思想理论教育和价值引领，把理想信念教育放在首位”。新时代是继续奋斗的时代，要想实现中华民族的伟大复兴，就必须培养敢于有梦、勇于追梦、勤于圆梦的时代新人。加强大学生理想信念教育，学校要丰富理想信念教育内容，吸引大学生的关注度，激发大学生的学习兴趣，通过举办相关活动，调动大学生的积极性、主动性，激发自身潜能，提高认识，树立正确的理想信念。

其次，要深入了解新时代大学生的特点，充分利用新媒体手段因材施教。高校应在发挥思想政治教育理论课主渠道作用下，将思想政治教育与新媒体手段相结合，拓宽教育的渠道，创新教育、学习模式，如“两微一端”的建设，建立微信公众平台等贴近学生、贴近实际、贴近生活的培育模式，提高教育效果。

最后，要优化思想政治教师队伍。思政教师队伍在大学生思想政治教育中起主导作用。一方面，思政教师要不断提高自身素质，加强理论知识学习，把握时代的方向，结合实际以积极进取的态度充实自己的知识体系。另一方面，思政教师也要培养自身积极心理品质，发挥大学生的榜样示范作用，激发大学生的积极力量，产生积极影响，促进大学生良好心理品质的形成。

（3）营造积极校园文化氛围。校园文化本质就是一种人文精神，良好积极的校园文化氛围不但可以促进师生科学文化素质和思想道德素质的不断提升，而且可以塑造学生良好的道德情操，学生通过参与各种各样的校园文化活动受到良好的精神熏陶，有利于自身积极心理品质的培养和身心健康发展。

首先，构建积极的校园心理文化氛围。构建积极的校园心理文化氛围要重视校园环境建设和现代大学制度的确立。好的校园环境的濡染有利于提高大学生的心理素质，因此要加强校园环境建设，对于校园内的人工景观，要在符合教育学和心理学教学理念的基础上符合大学生的审美情趣。同时，要不断完善校园内部的实习实训基地、实验器材、设备和场地以及现代化教育技术设备，不断完善校园网络、校报、校园电台、微信平台等校园媒体的发展；积极的大学制度也是大学生积极体验的直接来源，积极的大学制度包括学校领导体制、领导风格、规章制度、管理模式、教学组织形式等，要坚持积极教育，创新教育理念，通过各种活动和方式形成积极向上的校风和班风，构建和谐、融洽、平等、民主、互助、合作的新型师生关系。

其次，开展多层次校园文化活动。丰富多彩的校园文化活动对大学生积极心理品质和人格塑造有重要的影响作用。校园文化活动包括各种学术活动、社团活动、体育活动、社会实践活动、节日庆祝活动、宣传教育等，为大学生提供了展示自我风采的机会和条件。学校应根据大学生的兴趣爱好和需求定期举办各种校园文化活动，并鼓励学生积极参与，充分利用课余时间，锻炼和激发大学生的潜能，丰富大学生的精神世界。

2. 创建积极的家庭教育环境

家庭环境是进行家庭教育的基本条件。父母要想培养孩子优良品质，就必须营造积极良好的家庭环境。笔者认为学习型与和谐型家庭环境对孩子的成长有重要的促进作用。

首先，创建学习型家庭环境。父母和子女间建立一个共同的家庭目标，期限可以自由设定，目标既可以是学习目标也可以是理财目标等，全体家庭成员都要为所设定的目标而不断努力、不断学习，相互鼓励和监督。在实现目标的过程中，家庭成员可以互相建议，在家庭会议上总结目标完成进度。这种学习型家庭环境会使家庭成员相互支持，团结亲密，有利于实现家庭的和谐发展，也有利于孩子积极心理品质的培养。

其次，创建和谐型家庭环境。最好的家庭教育就是父母相爱，父母相亲相爱才能创建和谐的家庭环境，和谐的家庭环境是孩子健康成长的土壤，是孩子遭受挫折或心理危机时的避风港，温馨、和谐、民主、包容的家庭环境才会带给孩子归属感和安全感。同时，家长要做到充分尊重、理解子女，遇到问题或矛盾要尽量做到角色互换，善于沟通，多倾听孩子的想法与观点，避免过多地批评和指责孩子，不能溺爱也不能过于严厉，在平等、民主、和谐的家庭环境中培养孩子优良品质。

3. 发挥社会支持保障作用

大学生积极心理品质的形成受多方面因素的影响，既需要学校教育的渗透和家庭教育的熏陶，又需要强大社会力量的支持和保障。

（1）发挥社会积极教育功能。社会是一个整体，从方方面面影响着个体，而大学阶段是大学生的转折期，大学就像一个小型社会，当大学生真正步入社会时，会受到自身原因和社会压力等方面的影响而出现很多心理问题。因此，学校要与社会各界密切沟通，定期举办各种类型的讲座，邀请社会各界的优秀人士与学生进行沟通，发挥榜样引领作用，帮助学生挖掘自身积极品质，充满自信和激情，为更好地步入社会建立沟通的桥梁。社会各界、政府及其他机构，应对即将步入社会的大学生给予充分地支持和鼓励，当大学生遇到困难时多一些引导与包容，对于贫困大学生和残疾大学生多一些帮助和公平。学校可以多与社会各单位联系，积极组织校外活动，如志愿者服务，让学生提早感知社会，产生积极体验，培养自己的积极品质。

（2）发挥大众媒介正能量传播功能。人类文明进入了信息时代，网络媒介的出现一定程度上改变了人们的工作、学习和生活。一方面，网络科技的发达使信息传播的速度更加快捷，传播的范围也更加广泛，使人们的视野更加开阔；但另一方面，网络作为这个时代的新生事物，必然存在不规范和不完善的地方，媒介的作用在于传播信息，因此网络上的信息就会存在良莠不齐现象，形成不同的舆论环境。而大学生是信息接收较为迅速，对新信息传播媒介使用较为频繁的群体，因此大众传播媒介对大学生的影响更为显著。

要想发挥大众传媒在大学生积极心理品质培养中的作用，就要利用其优点，规避其带来的缺点。一方面，大众传媒在信息传播过程中要严格把关，注意掌控传播内容的积极性。传播内容要真实，传播题材要积极，以充满正能量的内容，向社会和广大群众传递积极的价值观，宣扬积极的社会心态，引领积极价值导向；另一方面，大众传媒要注意把握信息传播的形式，避免“假、大、空”等脱离人们生活和实际的形式化主义。传播媒体要选取现实生活中，贴近人们实际的题材来进行传播，挖掘社会中的正能量，为社会创造积极向上的舆论环境。

（3）发挥社会心理咨询平台疏导功能。建立网络心理咨询平台。科技的进步，尤其是网络的发展为缓解大学生心理健康问题和积极心理品质的培养提供了更加快捷和灵活的平台。政府可以组织专业的教育人员通过网络平台来讲授积极心理学和有关大学生心理健康的知识，大学生可以通过网络关注自身的心理健康；各大高校也可以建立网络心理教育系统，开展如远程教育等教学方式，及时向大学生介绍积极心理学和促进心理健康发展的相关知识，缓解他们的心理压力，疏导他们的不良情绪，帮助他们建立积极的心理品质；政府相关部门可以通过网络媒介开展网络心理咨询，如通过微信、微博等媒介建立专门的网络心理咨询程序、公众号，或者设立网络心理咨询电子邮箱、咨询热线等咨询系统，帮助大学生及时进行心理咨询，预防和缓解心理问题的出现，并及时解决大学生的心理问题。

促进社会上心理健康咨询机构、社区街道委员会、社会爱心人士和志愿者队伍的发展。除了大学校园之外，社区、家庭是大学生的主要生活场所，因此要充分利用这些社会资源，发挥社会文化的辐射作用，提高社会对心理健康的重视程度，培养有理想、有本领、有担当的时代新人，培养有活力、有态度、有精神的青年力量。

第二节　大学生职业生涯规划与就业心理

一、职业生涯概述

（一）职业生涯的内涵

职业是参与社会分工，利用专门的知识和技能，为社会创造物质财富和精神财富，以获得合理报酬作为物质生活来源，并满足精神需求的活动。职业包含以下几方面的含义：首先，与人类的需求和职业结构相关，强调社会分工；其次，与职业的内在属性相关，强调利用专门的知识和技能；再次，与社会伦理相关，强调创造物质财富和精神财富，获得合理报酬；最后，与个人生活相关，强调物质生活来源，并同时满足精神生活需求。

职业不是人类社会一经形成便立即出现的，而是在人类社会发展到一定阶段，出现社会分工后的产物。很多职业的产生和消亡都证明了这一点。在社会需求的推动下，新的职业会不断产生。在新的职业相继诞生时，那些不再为社会所需要的职业会逐渐萎缩直至消亡。因此，大学生在选择职业类型时不仅要考虑个人职业发展意愿，更要考虑时代进步所引起的社会需求的变化。

（二）职业生涯的概念与特点

职业生涯是以心理开发、生理开发、智力开发、技能开发、伦理开发等人的潜能开发为基础，以工作内容的确定和变化，工作业绩的评估，工资待遇、职称、职务的变动为标志，以满足需求为目标的工作经历和内心体验的过程。

职业生涯相对于其他生涯而言，有自身的特点，具体如下：

1. 独特性

每个人从事某种职业的条件是不同的，对未来职业的憧憬是有差异的，对职业评价的角度是不一致的，在职业选择的态度上是多样性的，每个人在职业生涯过程中做出的努力也不尽相同，从而使每个人的职业生涯呈现出与他人有区别的个性。

2. 发展性

每个人的职业生涯，都是一种发展、演进的动态过程，是个体逐步实现其职业生涯目标，并不断判定和实施新目标的过程。这个发展过程有两种形式：一种是职务的升迁，指在同一职业甚至同一单位中，一个人职位的不断晋升；另一种是职业的改变，指一个人所从事工作内容的改变。

3. 阶段性

每个人的职业生涯发展过程都有着若干个不同的阶段，不可能总是停留在一个阶段上。职业生涯的各个阶段是紧密相连的，一般来说，前一个阶段是后一个阶段的基础，后一个阶段是前一个阶段的发展，各个阶段之间具有递进性。每个人在不同的职业生涯阶段的目标和任务是不相同的。

4. 整合性

职业生涯涵盖了人生整体发展的各个方面，并非仅局限于工作或职位。每个人在职业生涯发展过程中或者从事某项工作时，不是孤立地工作，而是与自己的家庭、业余生活等紧密联系在一起的。每个人所从事的工作，往往决定他的生活状态，而且职业与生活两者之间又很难区别。

5. 互动性

个人的职业生涯是个人与他人、个人与环境、个人与社会互动的结果。人是社会的人，人不能脱离社会而存在。个人职业信息的掌握、职业选择的观念、职业生涯的状态、职业能力的锻炼，对其他人会产生影响。好的环境能坚定个人从事某种职业的信念，社会上新职业的出现，职业需求的变化，则会使个人重新思考自己未来的职业生涯。

二、大学生职业生涯规划概述

（一）大学生职业生涯规划的含义

大学生职业生涯规划是指大学生在校期间进行系统的职业生涯规划的过程。大学生职业生涯规划的有无及好坏不仅直接影响大学生在校期间的学习和生活质量，还影响大学生求职就业甚至未来职业生涯的成败。

（二）大学生职业生涯规划的特征

由于大学生尚处于学习阶段，这一阶段是职业生涯的预备期，与在企业组织环境当中的职业生涯规划相比有较大的区别。因此，在高校环境下的大学生职业生涯规划，具有其特殊性。

1.认识的个性化

人的个性化差异和价值追求、职业素质、能力、适应性等方面的不同决定了职业生涯规划应因人而异。大学生在规划职业生涯时要根据个体的特点确立适合自己的最佳奋斗目标，设计有效的行动方案，倡导多元化，鼓励独特性。例如，从性格角度说，外向者往往希望未来职场生活丰富多彩，流动跳槽与生相伴；而内向者则希望职业旅途平静似水，从一而终。

2.规划的连续性

职业生涯规划是一项连续而又系统的工作，作为职业生涯规划理论发源地的美国早已走过从性向测评到职业生涯规划的阶段。性向测评仅仅能诊断出个体在能力、个性、兴趣等方面的特点，并在此基础上对学生适宜发展的方向和职业做出指导。然而，对大学毕业生而言，其性向与所学专业相去甚远，而学生本身已没有更多的选择时，性向测评往往显得无能为力。

从广义上讲，职业生涯贯穿人的一生，在个体走上工作岗位之前这一阶段都是个体为职业做准备的时期，而大学是专业学习阶段，尤其显出其职业预备的特点。因此，大学生职业生涯规划不仅是毕业阶段的工作与任务，还应当贯穿整个大学生活，以便分阶段、分任务逐级做好大学生的职业生涯规划指导。

3. 培养的实践性

大学生的综合能力和知识面是用人单位选择人才的依据。用人单位不仅要考核大学生的专业知识和技能，还要考核综合运用知识的能力、对环境的适应能力、对文化的整合能力和实际操作能力。因此，大学生在进行职业生涯规划时，除了要构建合理的知识结构外，还要具备从事本行业工作的基本能力和专业能力。从某种意义上说，能力比知识更重要，大学生只有将合理的知识结构和适应社会需要的各种能力整合起来，才能立于不败之地。

4. 操作的可行性

职业生涯规划就是在充分了解自己的兴趣、爱好的前提下，在认真分析当前环境形势的基础上，结合自己的专业特长和知识结构，对将来从事的工作所做的方向性的计划与安排。因此，大学生在进行职业生涯规划时，要有事实依据，切忌以不着边际的梦想或幻想为依据，延误生涯良机。

5. 时间的适时性

大学时代是一个人一生较为宝贵的阶段，也是一个人处于左右摇摆、寻找个人定位与发展方向的阶段。因此，大学生职业生涯规划对一个人能否成功具有决定性作用，能否根据自身的条件和所处的客观环境，认真分析自身的优势和不足，合理进行职业生涯规划，将直接影响未来的发展和前途。

大学生职业生涯规划应有明确的时间限制或标准，使自己随时掌握执行状况，并为规划的修正提供参考依据。规划是预测未来的行动，确定将来的目标，因此各项主要活动何时实施、何时完成，都应有时序上的妥善安排，以便进行评估、检查。

6. 环境的适应性

大学生职业生涯规划牵涉多种可变因素，因此规划应有弹性，以增加其适应性。实现生涯目标的途径很多，大学生在做规划时必须要考虑自己的特质、社会环境、组织环境及其他相关的因素，选择切实可行的途径。同时，职业生涯规划不是一成不变的，大学生在迈入职业生涯以后，仍需根据社会环境、经济背景和自身条件的变化，及时调整阶段性目标，调整前进的步伐，一步步接近并最终实现长远的目标，实现人生的价值。

（三）大学生职业生涯规划的原则

1. 指导性原则

目前，高等院校职业生涯指导主要有三个方面的任务：第一，提高大学生的职业生涯规划意识，也就是提高大学生经营自我、规划自我的意识；第二，使学生和指导教师树立“助人自助”的理念；第三，让学生学会制定个人职业生涯规划方面的知识和技能。这三个方面也可以理解成三个层面：第一个层面是增强意识和观念，使学生能够主动自觉地规划自我；第二个层面是理念，使职业生涯规划的指导者和被指导者之间清楚在此过程中应该充当的角色；第三个层面是操作，即学会制定个人职业生涯规划的方法。

在大学生职业规划的过程中，指导者只是帮助大学生进行自我认识，帮助他们分析个人的优势和劣势，分析社会环境中存在的机遇与挑战，至于最终制定个人职业生涯规划并付诸行动的就是大学生自己的事情了。当然，在此过程中，指导者可以给予帮助，但绝不是替他们来做决定，原因有以下几个方面：

第一，职业生涯规划是与大学生的未来相关联的，如果替他们做决定，一旦因了解不够全面而做出错误的规划，对学生的前途会产生不良影响。

第二，大学生是心理独立性较强的群体，他们反感多年来自己的家长为他们做出的种种安排，这时，由别人通过几个小时的论证就为其做出职业生涯规划，可能会使其产生疑虑，这将影响他们对规划的实施。

第三，大学生的智商普遍都比较高，在给予他们足够参考资料的情况下，他们有能力得出比较正确的结论，有能力确立恰当的职业目标，并能够为实现目标制定长期、中期和短期的职业生涯规划。

2. 主体性原则

学生的主体地位是指对大学生职业生涯规划进行系统指导时，要以学生为主，以学生自己的决定为主，指导工作既到位又不越位。大学生职业生涯规划的目的在于寻找适合自身发展需要的职业，实现个体与职业的合理匹配，实现个体价值的最大化。它是个体对自己未来职业方向、发展道路的设计和实现职业目标的实施步骤，事关学生一生，理应由学生自己决定，学校不能进行统一规划，不能越俎代庖，要充分尊重学生的主体地位和主体作用。在这个过程中，学校和老师结合普遍指导和个别咨询，帮助学生进行自我认识、自我定位、科学测评及职业预测，帮助学生回答“我是什么样的人”“我想干什么”“我适合干什么”“打算成为哪方面的人才”“打算在哪个领域成才”等。

3. 社会性原则

大学生在规划职业生涯时只有把个人志向、国家利益、社会需求和所学专业结合起来统筹考虑，才具有现实可行性，进而真正实现自己的职业理想。任何人的职业生涯规划都会受到社会环境、社会现实和个人身心特点的制约，社会发展的需要是职业生涯规划的客观依据。同时，要把职业生涯规划与自己所学的专业结合起来，如果职业生涯规划脱离了所学专业，会在无形中增加许多“补课”负担，对个人和社会也会造成一定的浪费，导致个人价值难以实现。当然，兴趣与专业的结合，还意味着在掌握丰富的基础知识和精深的专业知识外，依据兴趣去拓宽知识面，了解相关、相近专业的知识，把职业规划和自身的素质培养结合起来。

4. 全程性原则

全程性原则是指大学生职业生涯规划贯穿于整个大学阶段。大学生职业生涯规划应从大学一年级就开始，根据不同时期的特点与任务，分阶段、分内容做好大学生的职业生涯规划指导。在全面指导和全程指导的基础上，要针对某一个学生的具体情况和特点，进行职业兴趣、职业能力等方面的测评，并在测评的基础上，结合学生的兴趣、特长、技能、爱好、社会需要和专业，进行差异性辅导，提高职业生涯规划指导的针对性。

5. 发展优先原则

发展优先原则即个人的职业生涯规划应着眼于是否能促进自身的事业发展，它是大学生在进行职业生涯规划时应考虑的关键因素。大学生在制定规划时，应树立崇高的职业理想和职业目标，不要苛求从事职业的社会地位、环境待遇等，要预测职业生涯中的困难，善于把磨难转化为历练自己的财富、发展自己的动力。

6. 阶段性原则

职业生涯目标的实现，并不是一蹴而就的，而是要对整个职业生涯目标进行分解，指定每一时期的阶段性目标以及计划完成的时间和具体实施措施。这一点对大学生来说尤为重要，只有充分注意到这一点，才能意识到对大学阶段进行科学规划的重要性。

7. 可持续性原则

制定职业生涯规划方案时要考虑职业生涯发展的整个历程，持续连贯。要使主要目标与次要目标相一致，目标与措施相一致，个人目标与组织发展目标相一致。

8. 可评估原则

目标要明确，措施要具体，完成时间要有限定，以便检查和评估，方便自己随时掌握执行情况，为规划的修正和调整提供参考依据。

（四）大学生职业生涯规划的内容

职业生涯规划的内容主要包括可行性研究（包括审视自我、职业分析与选择、外部环境分析）、确立职业生涯目标及其分解和组合、职业生涯策略（目标实施计划）以及职业生涯规划评估与反馈。本书所讨论的主要是后三项内容。职业生涯研究专家程社明曾提出，职业生涯规划必须包括以下10项内容：

（1）题目。包括姓名、年限、年龄跨度、起止时间。

（2）职业方向及总体目标。主要指从业方向、职业类别、职业岗位和长远目标。

（3）社会环境分析。包括对政治环境、经济环境、法律环境、职业环境的分析。

（4）企业分析。包括行业分析、对企业制度、企业文化、企业领导人、企业的产品和服务、企业效益、发展领域等的分析。

（5）自身条件及潜力测评。个人分析包括了解自己目前的状况和发展潜能。

（6）角色建议。记录对自己职业生涯影响较大的一些人的建议。

（7）目标分解及目标组合。目标分解就是目标的展开，是将目标按目标管理的原则进行自上而下的层层分解、落实。目标组合是处理不同目标之间相互关系的有效措施，主要着眼于各目标之间的因果和互补关系。通过分析实现目标的主要影响因素，采用目标分解和目标组合的方法做出果断明确的目标选择。

（8）成功标准。成功的职业标准对职业生涯策划者是一种积极参照。

（9）差距。即自身现实状况与实现目标要求之间的差距。

（10）缩小差距的方法及实施方案。即根据差距制定出缩小差距的方法及实施方案。

（五）大学生职业生涯规划的步骤与方法

一个完整合理的职业生涯规划，需包含自我评价、环境评价、确立目标、实施策略和评估调整等环节。

1. 自我评价

自我评价就是要全面地认识、了解自己。每个人在制定自己的职业生涯规划之前，都要对自己进行全面的分析，通过各种方式去剖析自己，包括兴趣、爱好、特长、价值观等，并以此为前提来制定最佳的方案。

2. 环境评价

除了个人，外部环境对个人职业生涯的发展有着直接的作用，外部环境包含家庭环境、职业环境和社会大环境等。个人不仅要充分认识和了解相关的环境，还要分析环境条件的特点、发展变化情况，同时要把握环境因素的机会与威胁，进而时刻调整自己来适应外部环境的要求。

3. 确立目标

职业生涯规划目标的确立是整个过程中的关键一环，在个人全面了解自己和评估环境之后，个体要对自己的职业生涯设立一个可为之奋斗的目标。通常目标可分为短期、中期、长期和终生目标。短期目标具体可见，也可视为长期目标的组成部分，长期目标甚至终生目标对人的一生起着至关重要的决定性作用。

4. 实施策略

确立好自己的职业生涯目标后，便要有相应的行动计划去保证目标的可实现性。其中，个人需要制定具体可行、清晰明了的职业生涯发展路线、教育培训安排、实践计划等一系列的具体措施。

5. 评估调整

随着个体、环境的不断变化，整个职业生涯规划也要不断调整及修正。职业生涯规划是一个长期的动态的贯彻一生的过程。有效的职业生涯规划应该是能实时地发现各个环节出现的问题，并制定相应对策，不断调整、不断完善的过程。

三、就业心理概述

（一）就业心理的含义

就业心理是指人们在对自我、职业和社会的认识基础之上形成的，对待职业和职业行为的一种心理系统，它不但包括个体有关职业的一些特质和特点，而且包括在对两者认识的基础上所产生对待职业的某种价值倾向、兴趣和态度。就业心理既与求职者的就业价值观、个人的素养和社会适应能力等内在的心理特征有关，也与求职者的外在行为有关。良好的就业心理帮助求职者在遇到种种就业问题时，能够保持清醒的头脑并进行理性分析，找到问题产生的原因，并以积极的心理去面对就业问题，使得就业问题得到合理有效的解决。同时，良好的就业心理能够充分调动求职者在就业过程中的主观能动性，发挥个人的内在潜质，并结合自身优势扬长避短，最终顺利实现就业。

（二）大学生就业心理

大学生就业心理是指大学生在考虑就业问题、准备求职以及在求职过程中所产生的各种心理现象，是大学生对自我、社会和职业岗位等认识的基础上形成的一种心理定式和情感倾向。就业是大学生较为关心的问题之一，能否顺利实现就业也是大学生学习和生活的风向标。青年大学生正处于角色的转换期，其心理发展还不成熟，而就业不是比较复杂的行为过程，也会发生特定的心理变化。尤其是对初次就业的大学生来说，由于对就业市场的了解过于片面，在求职时会遇到诸多与就业相关的问题，大学生在就业中既表现出积极的心理状态，也表现出消极的情绪。例如，一些心理承受能力较强的大学生在遇到就业问题时可以在短期内自我调节以积极的心理面对就业，一些心理承受能力较弱的大学生在遇到就业问题时可能无法接受而产生抵触、逃避等消极的心理。因此，加强对大学生就业心理培育，可以帮助大学生提升自身修养，对自己有全新的、客观的评价，可以帮助大学生树立正确的就业观，学会客观、正确地面对就业现实，站在他人的角度考虑问题，不以自我为中心，不断完善自我，对就业的成功与否起着至关重要的作用。

四、加强大学生就业心理培育的重要性

（一）有利于促进大学生健全人格的完善

健全人格包括科学的世界观、人生观和价值观，良好的道德品质和自我修养，自我悦纳和接受他人，健康的心理状态，等等。健全的人格不仅是心理健康的重要表现，还是大学生促进自我发展、自我提升的必备条件之一，更是大学生良好就业心理的重要构成。加强大学生就业心理的培育，可以帮助大学生树立正确的世界观、价值观和就业观，学会以积极乐观的心理面对就业过程中面临的问题，形成良好的心理品质，促进大学生形成健全的人格，并发挥健全人格在大学生就业过程中的积极作用，促进大学生顺利就业，使其在择业乃至在工作岗位中发挥更多的光和热。

（二）有利于大学生顺利完成社会角色的转变

每位大学生在学有所成后，都要为踏入职场提前做好思想、心理和行为的准备，使自己顺利转变成现实的社会求职者。加强大学生就业心理培育，可以增强其心理承受能力和适应能力，有效预防在角色转变过程中出现的紧张或不适以及其他心理，有准备地应对从学校走向社会过程中所遇到的各种情况，提升大学生的社会适应能力和心理承受能力。同时，使大学生对角色转变形成正确的认识，做好就业前的各项心理准备，使大学生在选择职业的同时接受社会和职业岗位的选择，缩短大学生角色转变的适应期，自觉完成由学生向职业工作者的社会角色的转变。

（三）有利于大学生就业目标的合理制定及实施

就业的首要问题是就业目标的制定，就业目标制定得是否合理，对就业目标的实施起着基础性的作用。加强大学生就业心理的培育，可以促进大学生客观全面地认识自我，并结合社会实际需求，做出综合分析、判断，从而

确定适合自己的职业和岗位，制定自己的就业目标。大学生求职就业过程有时并不是一帆风顺，可能会遇到挫折与失败，通过加强大学生就业心理的培育，可以使大学生学会自我心理调适的方法，在面对外界刺激，特别是在求职失败时，能积极有效地调节个人情绪，尽快从消极情绪中走出来，相信自己有能力战胜在就业中遇到的困难与挫折，经过个人的努力拼搏一定会实现自己的就业目标。同时，大学生拥有良好的就业心理，可以帮助大学生协调好个人主观愿望与社会需求，做出适合个人发展和社会需要的职业选择，促进大学生就业目标的实施。

（四）有利于促进大学生的全面发展

大学生的全面发展是指大学生知识、能力和个性的协调发展。大学生的全面发展就是要加强和提高大学生的思想道德和科学文化素养，培养他们树立正确的世界观、人生观和价值观，发扬爱国主义和集体主义精神，把为人民服务作为自我修养的核心内容，锻炼出强健的体魄，培养健康的心理以及健全的法律意识。其中，健康的心理是促进大学生全面发展的重要保障。而作为健康心理的主要构成部分——良好的就业心理不仅是大学生心理健康的重要表现，还可以使大学生的科学文化知识素养、思想政治素养和身体健康素养协调发展，使其成为德、智、体、美、劳全面发展的社会主义事业的合格建设者和可靠接班人。通过加强大学生良好就业心理的培育，大学生学会正确审视自己，及时修正自身的不足，提高大学生的就业竞争力，使大学生不断完善自我、提升自我，促进大学生的知识、素质、能力、个性和社会关系的全面发展。培育良好的就业心理，帮助大学生树立正确的价值观和就业观，学会敢于面对挫折与困难，使大学生在就业实践中充分锻炼自己，使自身价值得到最大的发挥。

五、加强大学生就业心理培育的对策

（一）健全和完善大学生就业市场

第一，完善大学生就业市场的法规建设。政府要成立专门的就业监督机构，加强就业市场的法规建设，对用人单位在招聘中存在歧视现象等不规范行为一经举报严厉惩罚，对大学生随意违约的行为加强管制，监督和维护大学生与用人单位的合法权益。政府应加快大学生就业制度的改革，废除对大学生不合理的就业制度，如废除公务员考试、银行考试中的指标限制、生源限制和户籍限制等制度，保证大学生无障碍就业和自由流动。同时，政府要加大网络就业市场的监管力度，对网络招聘信息的发布进行严格审核，防范就业信息过杂，严厉打击不切实际的虚假信息，为大学生就业提供一个良好的就业环境，克服大学生不良就业心态。

第二，建立保障有力、信息公开化的大学生就业信息网络平台。政府要建立专门的就业信息管理机构，由专人负责运用互联网技术将大学生就业信息网、全国各地的就业信息网和各高等院校的就业网进行联网，构成一个完整的、全面的就业信息网络平台，在就业信息网络平台上，加强与高校、教育主管部门和企业之间的联系，充分挖掘就业信息。就业信息管理机构及时更新就业信息网络平台的招聘信息，如第一时间在就业信息网络平台上发布国考、省考、银行、事业单位和企业等人才招聘信息，实现招聘信息资源公开化，为大学生提供较完善的职业供求信息网络。同时，政府可运用多媒体加强大学生和用人单位的沟通，如运用微博、微信、人人网、大街网和校友网等网络传播媒介及时向大学生提供真实有效的就业信息、企业对人才需求方面的相关知识和求职技巧等服务，更好地为大学生和用人单位服务，使大学生在求职时能够充分展现个人才华，减少大学生就业心理情绪的波动。

（二）多渠道帮扶大学生就业

第一，政府促进经济发展，增加就业岗位。政府要加大宏观调控力度，大力发展第三产业，加快民营经济的发展，以经济增长带动就业岗位增加，为大学生提供更多的就业岗位，增加大学生的就业机会，减轻大学生的心理负担。中小企业是我国就业大军的主阵地，政府要加大力度扶持我国中小企业的经济发展，实施可持续发展和均衡发展战略，打破对中小企业经济政策的束缚，扶持中小企业的经济发展，适当地调控当地宏观经济政策，为中小企业的生存和发展营造良好的就业环境。同时，政府鼓励中小企业营造良好的企业文化，吸纳更多的大学生到企业发展，如提高大学生的福利待遇，对刚入职的大学生给予关怀，结合实际满足求职者的需求，实施多劳多得的原则，调动大学生积极参与就业的积极性，使大学生全身心地投入企业中去发展自己，使其心理朝着积极的方向发展。

第二，建立健全社会保障制度。社会保障制度是指“在政府管理下，以国家为主体，依据一定的法律和规定，通过国民收入的再分配，以社会保障基金为依托，对公民暂时或者永久失去劳动能力以及由于各种原因生活发生困难时给予物质帮助，用以保障居民的最基本的生活需要”。大学生是暂时没有收入来源的群体，大多依靠家庭贴补，若毕业面临“毕业即失业”的现象，难免心理负担过重，增加就业心理压力。政府应逐渐把大学生纳入社会保障体系中来，特别是对未就业的应届大学生，在其户口所在地的劳动部门办理失业登记后，将其纳入当地失业人员的扶持政策和公共就业服务体系，免费为其提供适应就业市场需求和变化的、有针对性的职业技能培训、就业培训和其他就业服务，实现以培训促创业、以创业促就业的良性运行机制。社会保障机制的建立使大学生有了生活保障和安全感，积极主动寻找就业机会，不因暂时性的失业而增加心理负担。

第三，政府制定促进大学生就业的相关优惠政策。政府要鼓励和支持高校、企事业单位及科研机构，定期招收一定比例的大学生参与见习或项目研究，并对其给予税收减免或资金帮扶等政策，帮助大学生就业，使其在见习或项目研究中掌握相关就业技能，满足用人单位的用工需求，减轻大学生的就业心理负担。政府要购买一定的公益性岗位，吸纳大学生到基层就业，并继续做好志愿西部、大学生村干部等项目工作帮助大学生顺利就业，缓解大学生的就业心理压力。同时，政府要建立创业基地鼓励大学生自主创业，对自主创业的大学生给予政策和资金帮扶，提供创业指导服务，使大学生自主创业畅通无阻，积极乐观地参与就业，减轻大学生就业心理负担。

第四，组织用人单位开展各种人才招聘活动。政府应组织就业部门为用人单位提供招聘场所，开展多种形式、多种渠道的招聘会，如在网络提供就业平台开展网络招聘会或在各大企业官网发布招聘信息，在电视台开展“职来职往”等类型的电视招聘会，在人才市场开展人才交流会，在报纸上刊登招聘专栏等形式的招聘，在学校开展宣讲会等形式的校园招聘会。多渠道、多形式的招聘活动不仅让大学生对用人单位有深层次的了解，还为大学生提供全面的就业信息和更多的就业机会，吸引大学生积极参与就业招聘，减轻大学生的就业心理负担。

（三）树立正确的就业观

第一，营造良好的舆论氛围。积极的舆论宣传不仅为大学生提供了良好的就业环境，还影响和制约着大学生的就业行为。政府应加大力度倡导正确的社会舆论导向，新闻媒体要本着实事求是的态度宣传和报道社会现象和社会存在的问题，不要只报道负面的、消极的舆论，要积极发挥媒体的舆论导向作用，为大学生真实地了解社会奠定可靠的社会舆论基础。政府还要严惩社会不正之风，积极宣传成功人士的拼搏精神、创业精神，鼓励大学生积极参与就业并提倡大学生敢于自主创业。同时，政府要借助网络平台的宣传影响作用，引导大学生树立正确的就业观念，使得大学生懂得如何正确处理奉献与索取、物质与精神之间的关系，从而促进大学生的就业心理朝着良性的方向发展。

第二，摒弃落后的就业观念。随着我国高等教育的普及，大学生人数与日俱增，大学生教育已不再是“天之骄子”的专享权利。因此，社会应当理性、客观、公正的对待当代大学生，不要让落后的就业观念影响大学生的就业行为和心理。面对当前人数众多而就业岗位有限的就业形势，大学生初次就业没有成功也是正常现象，全社会应积极倡导大学生树立“先就业后择业”的就业观念。政府也要引导用人单位树立科学合理的用人观念，既不可趁当前严峻的就业形势之际，贬低大学生的个人价值，也不可对大学生有不切实际的过高期望与要求。政府应鼓励大学生顺应时代潮流，正确面对当前社会就业形势，学会及时调整就业心理，转变现有的就业观念，树立与当前社会经济发展相适应的新就业观，以积极的心理面对就业，实现个人价值。

第三，相关部门相互配合。全社会要为大学生创造一个良好的就业环境，对大学生在就业中产生的心理问题，给予正确的评价和合理的关注，塑造正确的就业观念，减轻大学生心理压力。与此同时，政府要与社会相关部门密切配合，合理配置社会资源，为大学生就业提供更多的就业岗位，帮助大学生顺利就业，缓解大学生就业心理压力。

（四）加强就业指导和求职技能的培训

大学时期是大学生人生发展的重要阶段，高等院校除了传授基本的知识和技能之外，还应为大学生的健康成长保驾护航，为其成功就业提供及时且必要的指导和帮助。就业指导工作已成为高校正常教学和日常管理的重要组成部分，也是新形势下大学生思想政治、素质教育工作的内在要求。高校的目标不能只着眼于眼前，还要放眼于未来：既要让大学生学到扎实的基础专业知识、掌握真实本领，又要具备良好的心理素质，树立正确的人生观、价值观、就业观；既要帮助大学生准确分析现实的就业形势，对其有正确的评估，又要深刻剖析自己，客观认识自己。就业指导工作主要是对国家就业政策进行广泛宣传、详尽分析，积极收集、整理就业单位信息，使得大学生对就业市场、岗位需求等有清晰的了解，避免盲目选择，并及时分析以往大学生就业中遇到的各种问题和面临的压力，引导大学生采取正确的态度、方式加以解决、缓解，保持良好的心态。培养大学生主动就业、积极竞争，先就业后择业再创业的意识；早日制定自己职业生涯规划，确定自己的人生目标。

在双向选择的就业体制下，大学生必须推荐自己、展示自己，让用人单位了解自己各方面的能力水平，明白自己的价值，抱着积极的心态去主动争取，这样才能增加成功就业的机会。显然，就业机遇的把握也与大学生自身的求职技巧和能力息息相关。所以，高校除了要针对性地培养毕业生今后工作中再学习能力、开拓创新能力、沟通协调能力、团队协作能力之外，更应该加强就业技巧指导和培训。具体做法诸如拟定合理的求职方案，对各个环节进行认真演练；让学生熟悉应聘流程、面试礼仪、应对策略；帮助学生更好地准备自荐书、求职简历等。这样才能使学生提高自己的求职能力和水平，从而提高应聘成功率。

（五）开展职业心理素质教育，正确处理心理问题

良好的心理素质已成为现代人应具备的品质之一，是事业成功的重要保证。当然，它在大学生求职过程也起着较为重要的作用，甚至直接关系到就业的成败。遇到问题、困难、挫折，至关重要的是保持冷静、理智和信心，

这些情商元素并非与生俱来的，它可以通过后天的锻炼或培训得以提高。这就给高等教育提出了另一项重要的任务：需要高校开展大学生心理咨询方面的工作，加强大学生心理素质的指导和培养，以便大学生用正确的方法解决心理问题。

想做好这一工作，高校可以增设学生心理健康指导中心，通过讲座、报告、宣传栏、研讨会等形式，让大学生掌握科学合理的自我调适方法，学会化解矛盾，提高心理承受能力；配置心理咨询师，帮助大学生客观认识自己，加强疏导缓解心理压力，改变不良心理状态；设置心理健康教育课程，普及就业心理问题的基本常识，了解心理健康相关知识。大学生心理素质教育是一个复杂艰巨的任务，高校需要校领导、学院以及相关教师和辅导员，上下齐心，高度重视，建立一个完备的体系作为保障。在这一过程中，既要建立相应的制度、设施，又要具备高效稳定的师资队伍；既要营造宽松健康的环境、氛围，让学生主动咨询、自愿倾诉心理问题，又要注重积极深入到学生中去，主动服务学生；并重点关注家境贫困、性格内向、生理缺陷等特殊类型的大学生。

同时，大学生要认识到心理问题或者心理障碍不是洪水猛兽，要正确认识它，敢于正视它，积极主动地寻求有效的措施和方法加以解决才是上上策，而不是让其困扰自己，任其发展到严重的地步。而学校也要通过各种渠道进行心理健康知识及其重要性的宣传，扩大心理咨询的影响力，鼓励大学生遇到问题就向心理健康中心、辅导员等寻求帮助，在处理学习、工作、生活、情感等方面出现的问题上给予自己中肯的意见。从而引导大学生正确认识自我，走出心理误区，排除心理压力，以积极乐观的心态迎接各种求职挑战。

（六）引导学生正确认识自我，合理定位就业目标

每个人的知识水平、能力大小、素质高低等方面各不相同。并不是任何职业都与自己匹配，自己什么工作都能胜任。只有客观、公正地认识自己、分析自己，才能够做出准确的分析、判断，才能在就业过程中处于主动地位，进而找准今后的发展方向和目标。

显然，在求职前需要对自己进行全方位“诊断”人生目标、职业目标是

什么？自己会做什么？适合干什么工作？个性特点是什么，有什么优缺点？理智冷静地对自己进行分析、评价，既不拔高，也不低估。同时，必须结合社会环境资源、实际岗位需求以及毕业生供求情况，客观真实地评估自己竞争力怎么样，胜算有几成？所求职业自己是否能适应，工作特点是什么？自己有什么强项和优势？要求的工作能力是什么，自己能否满足这些要求。通过多层次、多角度考量自己，达到充分了解自己、清晰认识自己之目的。

面对越来越严峻的就业形势，大学生应转变自己的就业观念，确定合理的就业目标。部分大学生认为自己受过四年大学教育，能力和素质高人一等，“精英意识”浓厚，这必然会导致就业上的挫折。在求职时，大学生应该摒弃不合时宜的传统观念，不要一味盲目跟风，头脑发热，要转变自己的就业观，将自己的眼光放远一点、自己的身段放低一点，根据自己的知识、能力、特长、兴趣等客观条件，并综合考虑其他社会客观因素，准确定位人生，合理制定职业目标，不要人为地制造自己就业的障碍。

第三节　大学生积极社会心态的培育

一、积极社会心态概述

（一）社会心态

社会心态是指一段时间内弥散在整个社会或社会群体 / 类别中的宏观社会心境状态，是整个社会的情绪基调、社会共识和社会价值观的总和。笔者认为社会心态是生成社会心态的诸多内在影响要素和社会习俗、社会生活、社会舆论、社会风气等影响心态产生的外显因素相互作用、相互影响的统一体。

（二）积极社会心态

“积极”（positive）一词源自拉丁文“positum”，原意指“实际而具有建设性的”或“潜在的”。在英语中翻译为“向上的、正面的”，而现代汉语中的解释是“正面的、促进发展的、努力进取的”。现代汉语中对“积极”的理解赋予了时代的光环，丰富了积极的内涵，既包括人外显的积极，也包括人潜在的，内在的积极。积极情绪是一种可能性思维、积极思维、肯定性思维，也是一种生活态度，可以促使人们在面对工作、问题、困难、挫折、挑战和责任时，用阳光般心态将生活中的困难当作一种享受，积极采取行动，努力寻求解决办法。

笔者认为积极社会心态是指在某一时期的一段时间内，人们在社会生产实践中，以他们的社会经济生活为基础，形成的思想观念、理想信念、道德情感、意志品质、行为习惯、社会舆论等健康的积极社会心态。是具有“正向的”“主动的”“建设性的”社会心态，对待主客观现实的积极的视角和乐观的态度，是一种对环境、事物、人等所把持的正确、诚恳且有建设性的，同时不违背法律、道德和人类权利的社会心态。

（三）大学生积极社会心态

大学生的社会心态是指大学生在一段时期内所普遍具有的相对稳定的心理或精神状态。反映的是特定环境中，大学生群体因主客观条件的不同而对社会生活现状普遍的心理感受和情绪基调，具有显著的时代性、普遍性、复杂性、潜隐性、代表性等心理特征和心理倾向。大学生积极社会心态可以分为广义和狭义两个层面。广义层面是指大学生在面对整个社会上的情绪基调，包括与社会成员交往中所表现出来的客观认知、积极生活感受、积极社会情绪、对自己的未来充满信心等宏观的积极心理和态势；狭义层面是指大学生在大学校园生活中所形成的丰富的情感、顽强的意志、高尚的道德、良好的习惯、进步的思想观念、远大的理想目标、客观的审美情趣等优秀的心理素质。本节使用狭义层面的解释更加贴切大学生积极社会心态培育的研究，从而概括大学生积极社会心态的基本内容：豁达平和、宽容大度、谦虚乐观、积极进取。保持积极健康的社会心态就是使其不断地适应变化的形势，积极吸纳社会生活中有益于自身发展的新思想、新观念、新技能，不断地完善自己，平和待人、认真工作、快乐生活，并勇敢地面对工作、生活中的困难和挫折。它不仅包括大学生个体心态的健康，还代表着大学生群体的情绪、情感、态度、认识、观念等方面的内容。

二、大学生积极社会心态的基本特征

（一）积极性

积极性是当代大学生主动心态的一种外在表现，也是这一群体主流思想能够持续保持健康心态的重要因素。他们的政治态度坚定、主动，具有高度的政治认同，能够积极主动地关注国内外的重大事件；并且对中国传统文化、传统节日都富有浓郁的情感，对英雄人物、英雄事件表现出尊重、崇敬、学习的态度；他们的思想观念进步、乐观、务实，不受传统观念的束缚，容易接受新的知识和新鲜事物；他们自主设立远大的人生目标，对成功的追求和欲望较高，能够乐观地面对生活中的困难和挫折、成功与失败；他们能够积极主动参与社会实践活动，增进生活体验；他们的人际交往自由、广阔，喜欢与人沟通，积极寻找志同道合的同辈；他们的课余生活丰富多彩，经常组织一些内容丰富且有意义的集体活动；他们在学习上认真主动，严格要求自己，主动改变学习方式，营造学习氛围，除自己本专业的课程以外，能够不断更新文化知识，自主学习能力明显提高。

（二）独立性

独立性是体现大学生积极社会心态的重要特征之一。当代大学生的独立人格是多维度、多层次的，大体可分为心理独立、生活独立、学习独立三个方面。心理独立又可以划分为认知、情感、意志三个维度，主要表现在摆脱对父母和老师的依赖，按照自己的意见、观点判断和分析问题；生活的独立性是大学生较为普通，也是行为成熟的外化表现形式，主要体现在他们合理支配生活开销、独自处理师生、同学间的友谊等，相比父母的帮助，他们更需要从失败中吸取教训，得到更多的生活历练；学习的独立性是大学生生活中改变较多的习惯特征，与高中时代相比，他们形成了独立思考问题、自主支配学习时间、设立较高的学习目标等良好的习惯，通过自发组织学习型的集体活动，如专业竞赛、辩论会、社会实践活动等。这些主动学习的过程提高了大学生的生活能力，为未来积极应对工作和生活积累了宝贵的经验。

（三）适应性

适应性又可称为适应能力，是大学生心理健康标准的重要组成部分，也是衡量当代大学生社会心态是否健康、积极向上的重要条件。心理适应性所承受的范围决定了人的抗挫折能力、自控能力以及人际协调能力等，不仅是大学群体生活特定条件所决定的，也是高校教育对大学生能够形成健全人格的基本要求。大学生的适应性随着生理年龄、心理年龄的成熟程度而不断增强，在社会大环境的刺激下，能够积极适应社会环境、主动参与社会实践、增进自我锻炼机会和生活体验；能够容易与人交谈并建立友谊，形成更为宽广的人际网并保持和谐的关系；他们能够很好地配合老师的教学计划，接受新的学习方式等。这些都足以证明当代大学生是在变革和社会发展中逐渐成熟起来的，是青年中的进步代表，他们的心理素质在不断地完善，他们的心态在生活中越来越健康，这都为个体的全面发展奠定了坚实的基础。

（四）创造性

创造性的思维、创造性的意识、过程和创造性活动为创造性的三个组成部分，其中创造性的思维处于核心地位。创造性思维是积极思维的一种表现形式，它为人们带来自信、乐观、正直、无私、慷慨、宽容、忠诚、勇敢、坚定、坚强、果断、进取、博爱、责任、信任、尊重、百折不挠等优秀的性格特质。因此，创造性与人的积极性格特质有着密切的关系，创造性思维对发挥个体创造性的能力以及积极心态的养成具有良好的促进作用。有创造性的人往往具备相应的人格品质，大学生作为青年中富有创造思维的群体，他们不仅具有很强的独立性和积极性，还有着广泛的兴趣，并对新事物有强烈的好奇心；喜欢用新奇的方法来探究问题并锲而不舍地探索未知世界；具备一定的心理承受能力，在面对困难和挫折时善于进行自我调整；等等。大学生富有的创造性意识使其更容易接纳不同的观点，他们的内心世界更加开放和宽容，他们的目标明确，能自信、努力地去追求和实现自己的人生目标和规划。

三、大学生积极社会心态培育的理论依据

（一）马克思主义理论

马克思、恩格斯关于社会存在和社会意识关系性思维的论断为社会心态研究提供了科学的理论指导。马克思和恩格斯曾指出："意识在任何时候都只能是被意识到了的存在，而人们的存在就是他们的实际生活过程。"[①] 他们还说："我们的出发点是从事实际活动的人，而且从他们的现实生活过程中，我们可以揭示出这一生活过程在意识形态上的反射和回声的发展。甚至人们头脑中模糊的东西也是他们可以通过经验来确定的、与物质前提相联系的物质生活过程的必然升华物。那些发展着自己的物质生产和物质交往的人们，在改变自己这个现实的同时也改变着自己的思维和思维的产物。不是意识决定生活，而是生活决定意识。"[②] 马克思还说："我的普遍意识不过是以现实共同体、社会存在物为生动形式的那个东西的理论的形式，而在今天，普遍意识是现实主义的抽象，并且作为这样的抽象是与现实生活相敌对的。因此，我的普遍意识的活动——作为一种活动——也是我作为社会存在物的理论存在。"[③] 该表述是意识和存在关系论断的高度概括，也是社会心态与社会存在关系基本指针。因此，社会心态作为一种特殊的社会意识活动，由社会存在所决定。大学生积极社会心态培育必须以该理论为思想基础。

马克思主义理论关于人的全面发展思想为本书提供了理论支撑。马克思主义理论中人的全面发展理论是相对于人的片面发展而提出的。马克思主义认为，人的全面发展不仅有生产劳动方面的意义，还应包括思想、道德、个性等的发展。具体来说，人的全面发展包括人的体力和智力获得充分自由的发展和运用；人的道德和审美情趣的高度发展；人自身个性的充分发展。人类社会实践是以生产劳动为基础，而教育活动是推动人实现全面发展的强有

① 中共中央马克思恩格斯列宁斯大林著作编 译局．马克思恩格斯全集：第 2 卷 [M]. 北京：人民出版社，1995: 10.

② 中共中央马克思恩格斯列宁斯大林著作编 译局．马克思恩格斯选集：第 1 卷 [M]. 北京：人民出版社，1972: 30-31.

③ 马克思．1844 年经济学—哲学手稿 [M]. 北京：人民出版社，2000: 84.

力手段。高校教育的最终目标是促进大学生全面发展的形成。有利于大学生德育和心理教育内容的完善和教育效果的提升，培育大学生积极社会心态，塑造积极人格，是当代马克思主义关于人的全面发展理论的具体体现。

（二）社会心理学理论

社会心理学理论中的社会认同理论、群体社会化发展理论为大学生积极社会心态的培育提供了一定的理论指导。

第一，社会认同理论。人们总是争取积极的社会认同，而这种积极的社会认同是通过在内群体和相关的外群体之间的比较中获得的。因此，将社会认同分为类化、认同和比较三个基本维度。类化是指人们将自己编入某一群体；认同是指认为自己拥有该社群成员的普遍的共同的特征；比较是指评价自己认同的内群体相对于其他外群体的优劣、地位和声誉等方面。并认为群体关系的建立和维持往往是通过评价自己的社会阶层，他们的地位和身份是否能够被接受和认可，他们的价值取向和思想观念能否与社会上大多数人的价值、理念和思想持有共识等三个方面决定的。社会认同本质上是一种集体观念，根源在于其所在的内群体共同持有的生活态度和社会心态观念是否积极健康。因此，社会认同理论为大学生积极社会心态培育过程中研究群体关系的形成和确立提供了重要的理论依据，在社会认同理论指导下，大学生群体应该树立一种进取的集体观念，争取群体成员积极的社会认同，为维持群体成员间的良好关系创造条件。

第二，群体社会化发展理论。从个体的社会化发展过程来看，个体通过年龄、性别、种族、兴趣、爱好、能力等社会相关特征认同家庭成员以外的群体，尤其是同伴群体而达到的社会化，对个体的发展起决定性作用。每一个群体都有特定的价值结构和生活态度，群体的成员身份在青少年时期，既是稳定的又是可变的。群体受个体情绪和外群体环境的影响，个体对所属群体的态度随着群体地位的变化而变化。群体社会化发展理论对有着特殊社会地位的大学生群体来讲，在这个群体社会化的过程中，他们在一定的社会生活背景基础上，以成员彼此间相似性、依据一定的目的而建立起的群体，当大学生群体对个体产生积极的社会认同时，导致了群体的同化，使群体成员彼此间更相似，群体的社会化直接促进了个体的社会化进程。因此，大学生群体的社会心态朝着积极的方向发展对大学生个体积极社会心态的养成和培育具有积极的影响。

四、大学生积极社会心态培育的对策

（一）提倡“积极”性教育理念

“积极”性教育理念是基于人的外显和内隐的积极性为出发点和归宿点而提出的，它既是对传统心理健康教育思想的修正，也是对未来心理健康教育发展的重新思考。因此，积极教育新理念的积极性教育思想拓宽了高校心理健康教育的视野。

1. 主体性教育理念

主体性教育旨在培养受教者在教育活动过程中，要充分发挥教育者的主导作用，应承认、尊重受教育者的主体地位，重在提高受教育者自我教育的自主性、积极性、能动性和创造性，着力培养受教者的自我教育能力，使其达到自我发展、实现教育目标的目的。主体性教育理念是马克思主义关于人的全面而自由发展理论的根本体现，也是思想政治教育内在规律和时代发展的必然要求。它作为现代教育思想理所应当地成为高校心理健康教育发展的基本指向。在心理健康教育过程中，教育主体发挥其主体性的引导和推动力量以实现受教主体的自觉性、积极性、能动性为根本目的，双方互动，发挥其平等的主体性教育功能，为培育大学生积极社会心态提供稳定、良性的活动氛围。因此，高校心理健康教育要及时转变传统单一主体或互为主体的教育思想，以平等的主体性教育理念为指导，使教育者和受教者坚持教育与自我教育相结合，实现教育主体与受教育主体互学、互助、共同提高的双向互动关系。同时，教育者要立足于学生的现实生活，从学生的实际出发，接收到学生思想上反映出来的真实的思想成分，可以有效提升思想政治教育效果，并对促进心理健康教育的正向发展具有积极的作用。此外，在教育活动中，教育者与受教者需要彼此尊重，平等交往，才能使受教者积极参与教育活动并且产生思想共鸣。所以，只有平等的主体性教育理念才能充分发挥教育者与受教育者的积极性，才能增强教育主体和受教育主体的主动性、创造性，建立一种相互尊重、相互学习、和谐、平等的新型师生关系。

2. 积极性教育理念

积极性教育理念是借鉴积极心理学中关注人性积极面的发展，基于对传统心理健康教育过度关注学生消极面治疗和引导所引发的重新思考。由于传统的教与学的教育思想从心理上将教育者与受教者看作对立关系，难以实现学生的自由全面发展，更不利于学生积极心理素质的形成。为此，我国学者孟万金于2007年提出了积极心理健康教育思想①，该理论体系形成于2008年7月，以积极心理学重视人类积极情绪、积极个性品质以及积极社会关系的研究和诸多积极心理咨询案例等为理论支撑，是我国较早提出的重视发挥人性潜能发展的一种积极性教育理念。它旨在吸取古今中外的思想精华，切中传统心理健康教育病理式要害，面向全体，以积极预防和发展为取向，有目的、有计划地培养师生积极向上的心态，奠基幸福人生。该理念丰富了高校心理健康教育、教学的研究成果，完善了心理健康教育系统，提升了心理健康教育效果，为进一步实现学生健康心态的良性发展奠定夯实的理论基础。因此，高校应提倡教师树立一种积极的教育理念，要求其用积极的内容和方式激发学生的积极情绪，用积极的心态解读学生复杂的心理现象、产生的心理问题，把培育学生积极的心理素质作为学校心理健康教育的归宿点；在教育过程中，要求教师要不断地关注学生的心理机能，重视学生潜能的发挥，力求帮助学生建立积极的心理体系；应从学生内在的积极性出发，培育学生自身内在的积极品质，使自身潜能得到最大限度发挥，使学生个体或群体能够以一种满足、知足的心态看待过去，以愉悦的心态来体验现实生活，以乐观、自信的心态来展望未来，从而培养积极、乐观、向上的生活心态，也可以通过构建学校、朋辈、社会、家庭等有利于个人积极社会心态形成的环境系统，使心理适应力得到较大提升。

3. 创造性思维

创造性思维旨在个体积极主动的参与下，打破思维定式，产生新颖且独到的思维。创造性思维倡导从教育者与受教者的角度，激发学生的参与精神和内部动机的教学模式，这点与心理学家对高创造力者人格特点的研究相吻合。现代的教育正从知识教育向创造教育转变，创造性思维是创新型人才的核心智力结构。其所具有的主见性、新颖性、开拓性特点是大学生拥有

① 孟万金．“积极心理健康教育”思想[J]. 大学（研究与评价），2007（12):2.

积极心态所要具备的重要素质，大学生拥有创造性的思维方式会对事物有着独到见解，产生创新的思想，进而促进积极心态的产生和发展。反之，大学生持续保持积极健康的社会心态才能更好地有利于其创造性思维的发挥。因此，将创造性思维纳入高校心理健康教育教学中是培育大学生积极社会心态的基本诉求。大学生创造性思维的培养工作首要任务是高校需要调整心理健康教育课程体系设计。可以增设一门创造性思维训练课，并完善课程体系的设计，以能力培养为主要内容，培养其丰富的想象力和求异思维，训练学生的发散思维能力，锻炼他们发现新问题或新关系的联系能力，帮助学生发现独特的天赋和才能，通过开放式、参与式、互助式、研究式的学习教育方式，调动学生的自主性和主动性，激发学生的好奇心、观察力，并尽可能将其扩大化、具体化，让学生充分发挥自己的潜能，形成新颖的独创力，使学生的知识系统与生活实践之间的连接更为流畅，实现发散思维与聚合思维的结合。

（二）将开展发展性心理辅导作为大学生心理健康教育的主要方式

发展性心理辅导是针对以往高校以预防心理问题的产生和调适心理问题为主的基础上进一步提出的，未能从根本上解决学生普遍存在的或潜在存在的心态问题，属于一种消极应对的心理健康教育方式。而发展性心理辅导的教育方式是立足于当代大学生的性格特征，基于现代发展性心理咨询而制定的辅导大学生个体自由全面发展的目标。它旨在以发展心理学、人格五因素等为理念框架，以全体学生为研究对象，采用班级、个体、小团体等多元群体辅导模式，提供一些对学生成长有利的经验，以发展学生的自我潜能、完善人格、促进学生个体最大限度发展为终极目标的辅导。发展性心理辅导的推广不仅成为大学心理健康教育的重要突破，更是推进大学生身心健康发展以及积极社会心态培育的重要指向。高校心理教师在实施过程中，或以班级为单位，或按照性别、爱好、心态类型等进行分组；通过对组内成员进行学习态度、人际关系、职业心态、情绪控制等内容的测评有针对性地开展培训；尽量选择主题积极、形象健康的人担任宣传代表，如如何快乐地学习，乐观心态需要怎样建立，等等。此过程中学生既是参与者也是影响者，增加学生个体的满足感、安全感、归属感、认同感、价值感，提高他们的自信心和自尊心，以达到促进全体同学心理积极发展的目标。总之，良好心态的养成需要正向、进步的教育方式，积极的教育方式也是塑造和培育大多数学生积极心理素质的内在要素，更是培育大学生积极社会心态的落脚点。

（三）营造积极向上的环境氛围

积极心理学认为，人的情绪情感体验和良好素质的形成、发展与其所生活的环境氛围有着密切的关系。因此，动员全社会共同参与，加强高校心理健康教育工作，营造积极向上的一体化教育环境，为大学生积极社会心态培育奠定基础。

1. 营造和谐育人校园环境

和谐育人校园环境是大学生积极社会心态培育的重要载体，塑造积极向上的校园精神文化是营造和谐育人校园环境的核心。首先，要加强校风、教风、学风建设，形成独特的校园精神文化。一所学校的校风、教风、学风，影响着学校师生精神文化建设，校风、教风、学风要符合学校的办学特色和师生特点，以激发大学生积极进取、锐意创新、鼓励师生团结协作为主要内容，达到时刻启迪和激励学生和老师的目的。其次，要建设有型的精神文化。可以通过创办校刊将教师的教学经验和学生的优秀作品定期发刊，激发教师的工作热情和学生的学习热情，并为学生树立榜样；还可以利用宣传栏、广播帮助学生明确学习目标和需要完成的学业内容，强化他们的自我意识等。再次，要建立良好的师生关系。风正、气顺、人和的校园育人氛围能够激发学生的上进心和求知欲。教师引导学生在广泛的结伴、交际与合作中，建立和谐、融洽的人际关系，为培养积极社会心态、促进心理素质的健康发展起到熏陶、暗示和感染的作用。最后，要开展丰富多彩的校园文化活动。例如，创办各种兴趣协会、定期开展活动、举行各种形式的演讲、辩论比赛等，在活动中教师与学生共同参与、充分交流，既能建立和谐的师生关系，又能够让朝气蓬勃、精力旺盛的大学生在广阔的舞台尽情施展才华，使大学生积极、向上、健康的心态在活动中充分体现出来。

2. 营造友好的朋辈群体环境

朋辈群体是大学生获得学习、生活经验以及社会信息的主要环境。大学生朋辈群体是指通过持续的互动和一定的关系结合起来的、共同的活动，并有着共同的价值取向和目标而组成的非正式学生集体。个体对于朋辈群体的内聚力或向心力决定了群体对个体产生影响力的强弱。相反，群体成员间共有的价值取向和心理反应也会对个体的心理健康产生积极或消极的影响。因此，个体心态的健康发展，辅助大学生在群体环境中的健康成长，需要营造一个友好的朋辈群体环境才能够不断提升大学生个体的社会能力、增添生活经验、改善人际关系、提高学习技巧等，才可能对个体与群体间的交流产生积极的作用。首先，发挥学校主阵地的凝聚力。大学生朋辈群体的大多数成员由同校或异校同学组成，他们的心态问题存在共性，教育者应激发其正能量，有目的、有计划、有组织地引导学生相互分享学习技巧、生活经验，通过群体的认同、同化发挥校园主阵地的作用，营造共上进、共发展的良好群体环境。其次，发挥家庭氛围的积极影响。大学生诸多不良习惯的养成和心态问题的产生源于家庭氛围的消极影响。所以，家长要注意营造和谐的家庭氛围，不仅要树立健康的形象，规范行为，更要不断更新知识，与孩子的发展保持一致，发挥家长的积极影响力，促进其积极心态的形成和发展。最后，完善社会多种社团组织系统。社会的正式组织和非正式组织应组建多个有针对性的长期有效的宣传活动，活动的宣传者由社会上有着优秀品质、积极生活态度、颇有成绩的青年人组成，引导大学生提高自身思想认识，从而使人格朝着积极的方向发展。

3. 营造理性的媒体传播环境

媒体又称“媒介”“传媒”，是传播信息的载体。媒体传播主要起到监测社会环境、协调社会关系、传承文化、提供娱乐等功能。通过挖掘事实的真相，深度剖析社会性问题，传播真实信息等，最终目的是使人们的思想观念朝着理性、正确的方向发展。对大学生群体而言，他们是网络、电视、杂志、报刊等多种传媒关注的群体之一，平日也主要通过它们获取和收集信息，实现了解社会促进交流的目的。但是现状不容乐观，在多媒体时代，各类媒体报道的负面新闻占据了大部分版面，造成部分大学生产生负面的社会心态。因此，有必要为大学生积极社会心态的培育营造一个理性的媒体环境。为使大学生群体的社会认知更加客观、更加负有社会责任，一方面，政府应加大对媒体传播的监管力度，提倡多传播贴合实际、符合民意的报道，牢牢把握舆论引导方向。尤其要积极鼓励正面的新闻报道，如在今年的民意调查中引起热议的话题是：你认为幸福是什么，你过得幸福吗？通过宣传积极的生活态度，提高人们的幸福度。同时，可以增强媒体的亲和力来吸引大学生群体主动参与，从而通过大学生进步思想的影响力来引领更多的人对未来生活进行规划和美好向往；另一方面，通过提高媒介舆论的正面引导力，增强舆论引导的说服力和感染力。尤其在不良事件的社会报道上，应该客观报道事件产生的原因和造成的结果，以及其报道事件的解决办法和解决程度。使大学生群体能够本着公正、公平、合理的态度看待所报道的事件，使大学生树立正确的认知意识，用科学的、客观的、发展的思维判断生活中的恶性事件，从而树立正确的价值取向和伦理道德。

第四节　积极心理团体辅导在大学生心理健康教育中的应用

一、积极心理团体辅导应用于大学生心理健康教育的背景

随着社会经济的发展和职业教育的改革，大学生的心理健康逐渐成为社会关注的焦点。一是大学生的年龄在 17 ～ 21 岁，恰好是"风华正茂""精力旺盛""青春年少"时期，但是心智尚未成熟，社会经验不足；二是社会经济快速发展、多元文化交织，生活节奏加快，使得各种心理压力接踵而至；三是大学生社会实践经验比较少，但很快就要面对即将就业的压力，其所经受的职业教育使其在就业大军冲击下，不占优势。总体来看，大学生面对多方面的压力，容易产生消极情绪。

针对学生心理健康问题，教育部等 12 个部门于 2019 年发布了《健康中国行动——儿童青少年心理健康行动方案（2019—2022 年）》，明确要求各级各类学校开展学生心理健康服务。针对大学生的心理问题，在积极心理学理论以及团体辅导理论的指导下，结合大学生的心理健康特点，设计积极心理取向的团体辅导方案，在团体辅导中融入积极心理学理念，达到提高学生的心理健康程度，降低其负面情绪的效果。笔者根据这一心理健康辅导方

案，对实验班与对照班进行了量化对比分析，探究不同处理方案发生作用的内在机制，证实积极心理团体辅导对大学生心理健康教育的影响。

二、积极心理团体辅导效果分析

在对大学生进行积极心理团体辅导过程中，将大学生分为对照组和实验组。对照组进行传统简单的心理健康教育，实验组进行 8 期积极心理团体辅导，以比较和分析不同心理健康教学计划的效果，通过质性效果分析和量性效果分析来反映积极心理团体辅导对大学生心理健康教育的优势。同时，根据辅导方案的实践效果总结不足之处，并不断完善和优化，使积极的心理团体辅导方案对大学生的心理健康有较好的影响。

（一）质性效果分析

本研究设置了对照组与实验组心理辅导前后测满意度对比、大学生对积极心理团体辅导的整体感受等不同维度、分值标准在 0 ～ 5 分的调查问卷。选取对照组和实验组各 52 人，共 104 人进行相关调查，其中质性效果分析如表 7–1、表 7–2 所示。

表7–1　对照组与实验组心理辅导前测、后测满意度对比

组　别	问　卷	前　测	后　测
对照组（n=52）	生活满意度	3.43	3.56
	整体满意度	3.47	3.62
实验组（n=52）	生活满意度	3.45	4.46
	整体满意度	3.48	4.67

从表 7–1 中可以看出，对照组和实验组在前测时的生活满意度和整体满意度几乎一致，并且在接受不同的心理辅导之后，生活满意度和整体满意度都有所提升，但实验组的提升比例远远高于对照组的提升比例。

表7-2　大学生对积极心理团体辅导的整体感受（n=52）

维　度	组建团队	积极优势	积极情绪	积极关系	积极应对	积极成长	积极组织	团体结束
参与度	4.34	4.36	4.39	4.44	4.51	4.58	4.61	4.64
认可度	4.19	4.26	4.35	4.42	4.44	4.51	4.55	4.57
自由度	3.63	3.86	4.04	4.14	4.28	4.39	4.47	4.52
吸引度	4.25	4.31	4.38	4.41	4.43	4.39	4.51	4.54
满意度	4.15	4.21	4.32	4.35	4.41	4.48	4.57	4.62

从表 7-2 中可以看出，通过积极心理团体辅导活动的展开，实验组的大学生慢慢适应了积极心理团体辅导中的 8 个阶段的内容，并且参与度、认可度、自由度、吸引度、满意度也随着 8 个阶段的推进持续提高，这一结果表明实验组大学生对积极心理团体辅导有较强的接受度。

（二）量性效果分析

本研究设置了针对实验组大学生心理辅导效果自评、各维度前后测分析比较等分值标准在 0 ～ 5 分的调查问卷。选取对照组和实验组各 52 人进行相关调查，其中量性效果分析如表 7-3、表 7-4 所示。

表7-3　大学生个人对积极心理团体辅导效果评价量表（n=52）

项　目	最小值	最大值	M
了解自己	1	5	4.12
认可自己	0	5	3.96
理解别人	0	5	4.08
关心别人	1	5	4.31
喜欢交际	0	5	3.79
善于沟通	1	5	3.81
有担当心	1	5	4.14
控制情绪	0	5	3.92
喜欢此类活动	1	5	4.43

从表 7-3 中可以看出，实验组的大学生在通过积极团体心理辅导之后，在 9 个维度的评分在 0 ～ 5 分，并且从均值中，大学生在了解自己、理解别

人、关心别人、有担当心和喜欢此类活动的维度上评分较高，这一结果表明积极心理团体辅导对实验组大学生的心理影响是较为显著的。

表7-4　大学生积极心理团体辅导各维度前后测分析比较（n=52）

项　目	前　测	后　测
生活幸福	3.84	4.52
喜欢学习	3.75	4.11
人际和谐	3.37	4.13
情绪稳定	3.68	4.52
善于沟通	3.61	4.34
心情开朗	3.89	4.52
乐观	3.34	4.36
希望	3.21	4.15

从表 7–4 中可以看出，在大学生积极心理团体辅导各维度前后测分析比较中，生活幸福、喜欢学习、人际和谐、情绪稳定、善于沟通、心情开朗、乐观、希望等 8 个维度的后测值明显高于前测值。这一结果表明在通过积极心理团队辅导之后，大学生在各方面的心理问题上得到了有效提升。通过上述各项数据的分析和对比，能够看出积极心理团体辅导能够有效地提高大学生的心理健康水平。

三、积极心理团体辅导的应用前景

加强大学生心理健康教育，是新形势下实施素质教育的重要措施，也是高校德育工作的重要组成部分，具有广阔的发展前景。

（一）向不同群体的心理健康教育方向发展

通过积极心理团体辅导可以将心理问题相同或近似的大学生集中起来进行辅导，使学生能够在相互沟通的过程中发现自己和他人存在的问题，调整对人和事物的看法，从彼此的长时间相处中学习，不仅可以提高学生的个人心理素质，还可以改善人际关系，对大学生的健康成长和能力的提高较为有益。

（二）向促进高校学生管理建设方向发展

在高校中，积极心理团体辅导的成员基本是以班级为单位的大学生，成员的观点和情感经常会形成强烈的影响，引起共鸣，激发其他成员的思维，学习新的行为方式，促进学生共同成长。上述实践研究表明，在班级的各项评价指标方面，开展积极心理团体辅导的班级普遍高于没有开展积极心理团体辅导的班级，受到了辅导员和学生的一致好评，适合高职学校的学生管理。

（三）向结合专业特点开展就业培训方向发展

大学生就业是大学生心理问题的主要来源之一。受教育程度较低、职业限制较大、就业范围较低等因素，造成了大学生的负面情绪高于积极情绪，而负面情绪在很大程度上是由就业压力引起的。学生通过积极心理团体辅导，进行互动式讨论和角色扮演，学生可以发泄情绪、释放情绪并彼此交流信息，甚至在教师的引导下，互相学习面试技巧，模拟面试现场。开展积极心理团体辅导的大学生在面对问题时的适应性和应对方式都优于普通学生。

人才是当今社会的第一生产力，大学生的心理素质关乎着一个国家的兴衰成败，加强大学生的心理健康教育是当前高校教育的重点工作之一。积极心理团体辅导可以有效改善大学生的心理健康，帮助他们提高整体幸福感和生活满意度，以及在一定程度上提高大学生的就业率，对改善大学生的心理健康有深远的意义。

参考文献

[1] 王雅娟 . 初中生积极心理资本现状与心理健康教育新思考 [J]. 心理月刊，2022，17（13）：38–40.

[2] 石亚萍 . 基于高校积极心理健康教育体系的构建 [J]. 科技风，2022（13）：154–156.

[3] 曹昕艺 . 中小学积极心理健康教育组织与实施现状及对策 [J]. 科学咨询（科技・管理），2022（5）：86–88.

[4] 俞晓霞 . 积极心理团体辅导在大学生心理健康教育中的运用 [J]. 产业与科技论坛，2021，20（15）：59–61.

[5] 王萍，梁晓兰 . 大学生积极心理健康教育探讨 [J]. 广西职业师范学院学报，2021，33（2）：81–86，108.

[6] 卢卫斌 . 高校积极心理健康教育体系构建研究 [J]. 佳木斯职业学院学报，2021，37（6）：109–110.

[7] 蒙雄飞 . 中职积极心理健康教育实施途径与保障措施 [J]. 职业教育（下旬刊），2021，20（5）：53–57.

[8] 姬瑞 . 智能制造背景下学生积极心理健康教育的思考 [J]. 精密制造与自动化，2021（2）：1–5.

[9] 吴灯，杨旭红 . 幸福成长课：小学积极心理健康教育课程建构探索 [J]. 中小学心理健康教育，2019（27）：39–41.

[10] 汤妮，汤燕 . 小学积极心理健康教育方法的建构 [J]. 中小学心理健康教育，

2019（2）：22–25.

[11] 杨娃，邢禹，关梅林，等 . 积极心理健康教育视角下心理资源对中职生亲社会和攻击行为的影响：情绪的中介作用 [J]. 中国特殊教育，2017（5）：30–35.

[12] 杨晶晶，杨熙 . 新时期青年大学生更需加强积极心理健康教育 [J]. 中国特殊教育，2017（5）：89–91.

[13] 孟万金，官群 . 积极心理健康教育的任务与功能 [J]. 中小学心理健康教育，2016（24）：24–27.

[14] 薛香，俞暄一 . 积极心理健康教育视角下的学校心理健康教育课程教学设计初探 [J]. 教育与职业，2011（27）：129–131.

[15] 张冲 . 初中生积极心理品质培养研究 [J]. 中国特殊教育，2010（11）：29–34，69.

[16] 韩云萍，王跃，朱丽芬 . 积极心理健康教育教学模式对高职学生心理素质的影响 [J]. 中国健康心理学杂志，2010，18（7）：841–843.

[17] 王新波 . 积极心理健康教育的回顾与展望：孟万金教授"积极心理健康教育"进程述评 [J]. 中国特殊教育，2009（10）：92–96.

[18] 陈信冰 . 积极心理学视角下构建大学生和谐宿舍人际关系的对策分析 [J]. 才智，2022（9）：116–119.

[19] 吴春茂，田晓梅，何铭锋 . 提升主观幸福感的积极体验设计策略 [J]. 包装工程，2021，42（14）：139–147.

[20] 蔡路，卫薇 . 生命教育视域下大学生挫折承受力的培养研究 [J]. 湖北开放职业学院学报，2022，35（14）：96–98.

[21] 李磊 . 高校大学生抗挫折能力问题研究 [D]. 长春：长春工业大学，2019.

[22] 樊亚茹 . 积极心理学视角下大学生挫折教育研究 [D]. 锦州：渤海大学，2018.

[23] 李姝 . 大学生挫折应对与心理健康相关研究 [D]. 荆州：长江大学，2014.

[24] 陈炯波 . 大学生抗挫折能力现状及培养途径研究 [D]. 重庆：西南政法大学，2014.

[25] 周围 . 积极道德教育：积极心理学视域中的道德教育研究 [D]. 南京：南京师范大学，2011.

[26] 林清杰 . 积极体验：学校心理健康教育的新视角 [D]. 哈尔滨：黑龙江大学，2010.

[27] 任重霞 . 体验式心理健康教育课对高职新生积极心理品质的影响研究 [D]. 武汉：华中师范大学，2021.

[28] 何思彤 . 多元文化框架下高校心理健康教育研究的转换 [D]. 长春：吉林大学，2018.

[29] 何海江 . 初中开设积极心理健康教育课程的有效性研究 [D]. 石家庄：河北师范大学，2018.

[30] 马莹 . 大学生积极心理健康教育研究 [D]. 锦州：渤海大学，2016.

[31] 马原 . 高中积极心理健康教育课程有效性的实证研究 [D]. 武汉：华中师范大学，2015.

[32] 李焕玲 . 心理健康教育课程对大学生积极心理品质培养作用研究 [D]. 桂林：广西师范大学，2014.

[33] 周旖 . 积极心理学视角下高校大学生心理健康教育研究 [D]. 长沙：湖南师范大学，2013.

[34] 吴绿敏 . 人际关系与主观幸福感的关系研究：积极情绪的中介作用 [D]. 漳州：闽南师范大学，2021.

[35] 刘好 . 积极心理学视角下小学生人际关系问题的整合性沙盘游戏治疗干预 [D]. 大连：辽宁师范大学，2017.

[36] 罗宗盼 . 大学生情绪调节自我效能感、认知情绪调节方式与人际关系的相关研究 [D]. 开封：河南大学，2014.

[37] 林清杰 . 积极体验：学校心理健康教育的新视角 [D]. 哈尔滨：黑龙江大学，2010.

[38] 孟万金 . 积极心理健康教育 [M]. 北京：中国轻工业出版社，2008.

[39] 毕红艳，赵倩 . 积极心理健康教育 [M]. 郑州：河南科学技术出版社，2018.

[40] 郭燕燕，渠改萍 . 青少年积极心理健康教育 [M]. 广州：世界图书出版公司，2014.

[41] 宋宝萍 . 大学生积极心理健康教育：理论与实践 [M].2 版 . 西安：西安电子科技大学出版社，2019.

[42] 禹玉兰，李鹤展，万崇华 . 大学生积极心理健康教育及心理素质训练 [M]. 天津：南开大学出版社，2016.

[43] 向前 . 积极心理学视角下的发展性心理健康教育 [M]. 北京：中国书籍出版社，2014.